Walter Hochreiter (Leitung), Fritz Böhler, Rolf Weder

150 JAHRE SVG BASEL

Die Statistisch-Volkswirtschaftliche Gesellschaft Basel im Spiegel der Zeitgeschichte

ifu – verlag regionalkultur

Titel:	150 Jahre SVG Basel
Untertitel:	Die Statistisch-Volkswirtschaftliche Gesellschaft Basel im Spiegel der Zeitgeschichte
Herausgeber:	SVG BASEL Statistisch-Volkswirtschaftliche Gesellschaft Basel
	St. Jakobs-Strasse 25
	4002 Basel
	T +41 (0)58 792 54 13
	svgbasel@ch.pwc.com
Autoren:	Walter Hochreiter (Leitung), Fritz Böhler, Rolf Weder
Bilder:	Schweizer Wirtschaftsarchiv, Wirtschaftswissenschaftliches Zentrum der Universität Basel, SVG Basel
Herstellung:	verlag regionalkultur (vr)
Satz / Umschlag:	Jochen Baumgärtner (vr)
Endkorrektorat:	Katharina Schmitt (vr)
Druckerei:	Druckerei Krebs AG, Basel

ISBN 978-3-95505-223-2

Bibliographische Informationen:
Schweizerische Nationalbibliothek, Bern, *www.nb.admin.ch*
Deutsche Bibliothek, Deutsche Nationalbibliographie, *www.dnb.de*
Schweizerisches Wirtschaftsarchiv, Basel, *www.wirtschaftsarchiv.ub.unibas.ch*

Diese Publikation ist auf alterungsbeständigem und säurefreiem Papier (TCF nach ISO 9706)
gedruckt entsprechend den Frankfurter Forderungen.

Alle Rechte vorbehalten.
© 2020 verlag regionalkultur

verlag regionalkultur – **ifu** Institut für Unternehmensgeschichte
Ubstadt-Weiher • Heidelberg • Weil am Rhein • Basel

Korrespondenzadresse:
Bahnhofstraße 2 • D-76698 Ubstadt-Weiher
Tel. 07251 36703-0 • *Fax* 07251 36703-29
E-Mail kontakt@verlag-regionalkultur.de • *Internet* www.verlag-regionalkultur.de

Vorwort des Präsidenten *Gottlieb Keller*	4
Die Wirtschaftswissenschaftliche Fakultät und die Statistisch-Volkswirtschaftliche Gesellschaft Basel: Ihre Wurzeln und heutigen Blüten *Rolf Weder*	7
Vortragsliste Oktober 1931 bis heute *Fritz Böhler / Walter Hochreiter*	19
Die dreissiger Jahre	20
Die vierziger Jahre	32
Die fünfziger Jahre	42
Die sechziger Jahre	50
Die siebziger Jahre	58
Die achtziger und neunziger Jahre	66
Die nuller und zehner Jahre	82
Vortrag, Tischrede und Nachtessen bei der „Statistischen" – ein Basler Ritual *Walter Hochreiter*	97
Die SVG-Präsidenten der letzten 25 Jahre	106

Vorwort des Präsidenten

Im September 1870 wurde in Basel die Statistisch-Volkswirtschaftliche Gesellschaft von einer Gruppe an der Nationalökonomie interessierter Persönlichkeiten gegründet, womit diese Gesellschaft nun auf ein 150-jähriges Bestehen zurückblicken kann. Dem Vorwort zur Jubiläumsschrift zum 60-jährigen Bestehen kann entnommen werden, dass die damaligen Mitglieder sich auf viele künftige Jubiläumsschriften freuten und gar erwarteten, dass „jemand zum hundertsten Jahrestage die Feder ergreift". Wir sind bereits weit darüber hinaus und das 150-Jahre-Jubiläum darf Anlass sein, zurückzublicken, sich über Erreichtes zu freuen und zu feiern. Gleichzeitig darf es aber nicht fehlen, sich mit der Frage nach Zweck und Ziel der Gesellschaft, ihrer heutigen Position in Basel und somit deren Zukunft zu beschäftigen.

Als in Basel die Statistisch-Volkswirtschaftliche Gesellschaft gegründet wurde, war das grundlegende Buch „Der Wohlstand der Nationen" von Adam Smith, der allgemein als „Vater der Nationalökonomie" gilt, bereits nahezu hundert Jahre alt. In seiner Nachfolge gab es eine grosse Anzahl weiterer kluger Köpfe, die sich mit nationalökonomischen Fragen beschäftigten. Für viele war dabei die Mathematik eine wichtige Grundlage, so für David Ricardo, aber auch der deutsche Mathematiker Carl Friedrich Gauss hat mit der Entwicklung der mathematischen Statistik als Grundlage für die Versicherungsmathematik Wesentliches beigetragen. Die Uni Basel war dabei mit der Schaffung eines Lehrstuhls für Nationalökonomie im Jahr 1855 recht spät in dieses Wissenschaftsgebiet eingetreten und es ergaben sich anfänglich auch einige Schwierigkeiten. Die SVG Basel wurde als Verein und Untersektion der Schweizerischen Statistischen Gesellschaft gegründet. Ihr Hauptzweck war ursprünglich, an einer Gesamtstatistik der Schweiz sowie an der Volkszählung mitzuwirken, aber fraglos war für die lokalen Gründer auch Antrieb, die Uni Basel und den Lehrstuhl für Nationalökonomie zu unterstützen.

Über die Zeit traten mathematisch-statistische Arbeiten in den Hintergrund. Seit Ende des 19. Jahrhunderts ist die SVG Basel in erster Linie eine Vortragsgesellschaft. Mit der vorliegenden Festschrift wird nicht zuletzt als Dank an alle bisherigen Referenten und Referentinnen eine kommentierte Übersicht der SVG-Vortragsthemen von 1930 bis 2020 dargestellt. Diese prominenten Referentinnen und Referenten entfalten ein welt- und wirtschaftsgeschichtliches Panorama des 20. Jahrhunderts bis heute. Es ging und geht auch heute noch bei diesen Anlässen immer darum, bedeutende Akteure der Wissenschaft, Politik und Wirtschaft von ausserhalb der Regio Basel zu treffen; aus deren Vorträgen ihre Erfahrungen, Ansichten und Beweggründe sowie die Grundlagen – darunter häufig Zahlen, Tabellen und Statistiken, auf denen diese Haltungen beruhen – zu verstehen, zu hinterfragen und eigene Schlüsse zu ziehen. An den öffentlichen Anlässen versammeln sich lokale Wissenschafter, Politiker und wichtige Akteure der lokalen Wirtschaft nebst Interessierten aus allen Bereichen der Gesellschaft.

Dabei zeigt sich gerade auch in der heutigen Zeit, wie sehr die Gesellschaft ganz allgemein, besonders aber Politik und Wirtschaft, auf Zahlen vertraut, die zu Statistiken zusammengefasst und interpretiert werden. Daraus werden Schlüsse gezogen und Entscheidungen gefällt. Das hat sich deutlich in der Corona-Krise gezeigt. Der exponentielle Anstieg von Virusinfektionen und Erkrankungen, die aus den Zahlen abgeleiteten Todesraten, die Reproduktionsrate, Wachstumsrate und Verdoppelungszeit haben zu drastischen Einschränkungen geführt, die weltweit durch die Behörden in unterschiedlicher Form und Intensität angeordnet wurden. Dies bedeutete einen massiven Eingriff in die persönlichen Freiheiten – Versammlungsverbote, Sperrung von öffentlichen Plätzen, Schliessung von Restaurants und Geschäften –, die von der Bevölkerung dank Vertrauen in die Zahlen und deren Interpretation akzeptiert wurden, gleichzeitig aber volkswirtschaftlich massive Auswirkungen haben.

Wesentlich anders hat sich die Situation kurz nach dem Zweiten Weltkrieg dargestellt. Die Schweizer Behörden wollten der damals weitverbreiteten Volkskrankheit Tuberkulose mit einem Zusatz zum Tuberkulosegesetz von 1928 begegnen, mit dem sie alle Einwohner der Schweiz zu einem obligatorischen Schirmbildtest verpflichten wollten. Dies hätte die Möglichkeit geschaffen, die Ansteckungs- und Todesrate wegen Tuberkulose drastisch zu senken. Das Vorhaben wurde in der Volksabstimmung vom 22. Mai 1949 mit 75.2% der Stimmen (allerdings nur

Männer) abgeschmettert; nicht zuletzt wegen des prominenten Einsatzes des hoch geachteten Staatsrechtlers Zaccaria Giacometti, der die Beachtung der persönlichen Freiheiten der Bürger höher gewichtete als die Bekämpfung einer breite Kreise der Bevölkerung belastenden Krankheit[1]. Es kann offenbleiben, ob man die damalige Situation heute nicht anders beurteilen würde, wären nicht kurze Zeit nach der Abstimmung wirksame Medikamente gegen die Tuberkulose eingeführt worden.

Den Lesern und Leserinnen dieser Jubiläumsschrift wird anhand der Auflistung der behandelten Themen und mit der dabei notwendigen Reflexion über deren Bedeutung in der jeweiligen historischen Situation wohl bewusst werden, wie sehr die Gesellschaft mit ihrer Tätigkeit „Wissen" vermittelt und damit die blosse lokale „Nabelschau" verhindert hat.

Als zusätzlichen Leckerbissen bietet diese Jubiläumsschrift schliesslich mit Augenzwinkern einen Text zu den Ritualen bei der SVG Basel. Denn nach der „Pflicht" des Vortrages in der Aula der Universität trifft sich ein kleinerer Kreis der Mitglieder zur „Kür", dem Nachtessen in einem Traditionsrestaurant. Es gilt als Ehrensache, dass von der launigen Tischrede, Replik und dem an den Tischen strikt nur bis 22 Uhr bei einem Gläschen Wein (oder zwei) Gesagten nichts nach aussen dringt. Daran halten wir uns natürlich auch hier – dennoch gibt die Umschreibung der besonderen Rituale der SVG Basel einen guten Einblick in diese ebenfalls sehr spezifische Tradition mit viel Basler Witz und mitunter einer Prise (Selbst-)Ironie. Denn schliesslich pflegen wir mit der SVG Basel eine bewährte Basler Tradition.

Ich hoffe, das wird auch für die nächsten 150 Jahre der Fall sein. Obwohl der Einfluss dieser Anlässe nicht messbar ist, soll und wird die Gesellschaft dem selbstgesetzten Ziel des Vermittelns von Wissen fraglos auch weiterhin treu bleiben und mit „harten (und korrekt vermittelten) Fakten" und pointierten Meinungen immer wieder neue Denkanstösse und frische Impulse zu topaktuellen Themen bieten. In diesem Sinne bleibt das Jubiläum zum 150-jährigen Bestehen bloss ein feierlicher „Marschhalt".

Gottlieb Keller, zurzeit
Präsident der SVG Basel

---

1 A.Kley, „Von Stampa nach Zürich", Schulthess 2014, ISBN 978-3-7255-6485-9, S. 276 ff.

DIE WIRTSCHAFTSWISSENSCHAFTLICHE FAKULTÄT UND DIE STATISTISCH-VOLKSWIRTSCHAFTLICHE GESELLSCHAFT BASEL

Ihre Wurzeln und heutigen Blüten

Rolf Weder[1]

Die von den Herausgebern an mich kommunizierte Erwartung lautete, eine „Einschätzung der Bedeutung und der Rolle der Statistisch-Volkswirtschaftlichen Gesellschaft" zu geben. Mein erster Gedanke war, dass dies wohl eine kurze Angelegenheit werden dürfte. Die Gesellschaft ist bekannt für die von ihr organisierten Vorträge von prominenten Rednern und Rednerinnen aus Politik, Wirtschaft und Wissenschaft an einigen Montagabenden im Semester in der jeweils gut besetzten Aula der Universität Basel. Anschliessend sind Vertreter und Vertreterinnen der drei Gruppen zu einem von einer Firma gesponserten Nachtessen eingeladen, wo an grossen runden Tischen über den Vortrag und andere Herausforderungen diskutiert wird. Die Rolle der Gesellschaft ist also klar: Den Austausch zwischen Wissenschaft und Praxis zu fördern. Die Bedeutung ist selbstverständlich hoch: So entstehen Kontakte und neue Ideen, Netzwerke werden gepflegt. Da kann man nur gratulieren zum 150-jährigen Bestehen. Super. Weiter so!

Mein zweiter Gedanke war, dass ich mit diesen Überlegungen die Erwartungen wohl noch nicht ganz erfüllt haben würde. Zudem wurde ich als *Wirtschaftswissenschaftler* an der Universität Basel um einen Beitrag gebeten. Im ersten Abschnitt möchte ich deshalb an den Ursprung zurückkehren: Einige Jahre vor der Gründung der Statistisch-Volkswirtschaftlichen Gesellschaft wurde nämlich der erste *Lehrstuhl für Nationalökonomie und Statistik* an der Universität Basel geschaffen. Dies dürfte kein Zufall gewesen sein. Es soll analysiert werden, ob es hier in der Tat einen Zusammenhang gibt. Im zweiten Abschnitt springen wir in die Gegenwart und ich argumentiere dort, dass die Identität der Wirtschaftswissenschaftlichen Fakultät der Universität Basel (wieder) sehr nahe an ihrem Ursprung liegt. Dabei blende ich die Entwicklung zwischen Ursprung und Gegenwart grösstenteils aus, weil neuere Betrachtungen der „Geschichte der Wirtschaftswissenschaften an der Universität Basel" – zum Beispiel von Bonjour (1960) oder Lengwiler (2010) – genau diese „Zwischenzeit" betonen. Im dritten Abschnitt komme ich zurück auf die Rolle und Bedeutung der Statistisch-Volkswirtschaftlichen Gesellschaft und deren Verbindung zur Wirtschaftswissenschaftlichen Fakultät. Ein kurzes Fazit schliesst diesen Beitrag ab.

1. Vor 156 Jahren: Erste Professur für Nationalökonomie und Statistik

Mit Ratsbeschluss vom 18. Juni 1864 wurde Étienne Laspeyres, zuvor Privatdozent an der Universität Heidelberg, zum ordentlichen Professor der Nationalökonomie an die Universität Basel berufen.[2] Diese Berufung wurde möglich, weil auf den 15. Januar 1855 (also fast zehn Jahre vor Laspeyres) der erste Lehrstuhl für Nationalökonomie und Statistik an der Philosophischen Fakultät geschaffen worden war.[3] J. Schnell, Professor für Rechtswissenschaft, hatte 1854 zusammen mit Kollegen die Notwendigkeit in einem Beitrag zur Zukunft der Universität Basel so begründet:

> *„Seit aber die Armuth und ihre ganze Not, die Auswanderung und alle ihre Gründe und Folgen (…) vor unsern Augen vorübergegangen sind, ist Manchem die Aufgabe der Statistik und der Populationistik eine klarere und lebendigere geworden, und wo hätte ein offenes Auge für die Schäden und Gebrechen unter Reich und Arm, die aufzudecken sind, offenere Ohren zu gewärtigen, als in Basel? Die Aufgabe des Lehrers dieser Fächer könnte nirgends schöner sein als hier, nirgends seine Weisheit, wenn sie Erfahrung und Liebe pflegten, fruchtbareren Boden finden."*
> (siehe Mangold, 1931, S. 130).

Hintergrund für dieses Plädoyer war nicht zuletzt der 1850 erfolgte Rücktritt von Christoph Bernoulli (dem Sohn von Daniel II. Bernoulli), der seit 1819 als Professor für Naturgeschichte und Technologie wirkte und sich auf das Gebiet der „industriellen Wissenschaften", das heisst auf Technologie und Nationalökonomie, konzentrierte (Lüthi, 1949, S. 169).[4] Er verfasste zahlreiche Schriften in den Bereichen Staatsfinanzwissenschaft, Statistik, Handel und Verkehr, Zunftwesen und Industrialisierung. Von 1826 bis 1831 veröffentlichte Bernoulli die alle zwei Wochen erscheinende Schrift „Baslerische Mittheilungen zur Förderung des Gemeinwohls" sowie 1827 bis 1830 das „Schweizerische Archiv für Statistik und Nationalökonomie" mit Abhandlungen von besonderem Interesse für die Schweiz. Er war Mitglied der Eisenbahnkommission und hielt zum Beispiel im Wintersemester 1838 eine Vorlesung über das Eisenbahnwesen für Gelehrte und Kaufleute. Seine Überlegungen zur Industrialisierung hatten Gewicht und Einfluss in der Basler Wirtschaft, wenn er sich auch mit der Kritik am Zunftwesen „[d]en Zutritt zur Politik (…) verbaut" hatte (Lüthi, 1949, S. 170).[5]

Trotz der bereits 1855 erfolgten Schaffung des Lehrstuhls für Nationalökonomie und Statistik konnte (nach einer kurzen Episode im Jahre 1856 mit Erwin Nasse aus Bonn, der in seiner Vorlesung nur einen einzigen Zuhörer hatte und Basel nach einem Semester bereits wieder in Richtung Rostock verliess)[6] die neue Professur erst 1864 mit Étienne Laspeyres zum Leben erweckt werden. In einer „ehrerbietigen Zuschrift" sprach der Verein Junger Kaufleute am 13. Mai 1864 seinen „verbindlichsten Dank" an die Universität Basel aus, dass die seit Jahren vakante Professur nun besetzt werden sollte, und begründete dies mit ihrer grossen Bedeutung für die Ausbildung des „Industriellen und des Kaufmannes".

> *„[da] gerade bei diesen durch riesenhaft erweiterten Verkehr, durch gänzliche Umwälzungen Jahrhunderte alter Ansichten, Gewohnheiten & Verhältnisse, das Bedürfniss einer umfassenderen Berufsbildung am schlagendsten hervor[trete]. (…) [E]ine gründliche, allseitige Berufsbildung auf wissenschaftlicher Grundlage, ein klarer Einblick in den vielgezweigten, raschen Kreislauf des materiellen Besitzes & infolge dessen ein in allen Lagen sicheres erfolgreiches Handeln sind daher, unter den gerne ungleich schwierigern Verhältnissen der Gegenwart, unbedingt seltenere Erscheinungen als früher. (…) Indem Sie daher Schritte thun, auch an unsere[r] Universität eine Wissenschaft fester einzubürgern, die gewissermassen das Gemeingut aller Gebildeten, ganz besd. aber dasjenige des gesammten Geschäftsstandes sein sollte, haben Sie nicht nur zu Gunsten der Universität selbst, sondern ebenso sehr Vortheile des hiesigen Handels- u. Gewerbsstandes eine Initiative ergriffen, für die Ihnen ein zwar kleiner und untergeordneter Bestandtheil derselben hiermit seine vollste Dankbarkeit ausspricht, eine Initiative, die jedoch in der Folge auch In weitern Kreisen ihre gebührende Anerkennung finden muss."*[7]

Der Verein bot im Brief sogar „einen Theil [der] bescheidenen finanziellen Mittel" an, um „dem Manne, dem Sie die Pflege der National-Oeconomie anzuvertrauen zu gedenken, einen umfassenderen Wirkungskreis zu bereiten". Laspeyres nahm den Ruf der Universität Basel mit Brief vom 25. Juni 1864 an das Erziehungs-Collegium des Kantons Basel-Stadt an und schrieb, dass er „die freundliche ausgesprochene Hoffnung, dass ich einen mir zusagenden Wirkungskreis in Basel finden möge, von Herze theile" (Laspeyres, 1864a).

Professor Laspeyres lehrte, wie damals für Professoren an der Philosophischen Fakultät nicht unüblich, auch an der Gewerbeschule, deren Absolventen ins Geschäftsleben oder an eine technische Fachschule gingen. Er bot dort in der III. Klasse wöchentlich zwei Stunden im Fach Nationalökonomie an und behandelte gängige Themen wie „Grundbegriffe der Privat-, Volks- und Staatswirtschaft", „Bedürfnisse des Menschen", „Güter, freie und wirthschaftliche Arbeit und Capital" und „Arbeitsteilung".[8] In der Lehre beschränkte sich Laspeyres, nach eigenen Angaben, darauf, „nur die Hauptdefinitionen zu dictiren, um dieselben in feiner Rede zu erläutern, oder wo es anging, die Erläuterungen aus den Schülern heraus zu locken" (Laspeyres, 1866, S. 3); er liess sie die Notizen zu Hause „ausführen" und kurze Aufsätze zu den von ihm gestellten Fragen schreiben, die er zu Hause korrigierte, um sie „so weit es die Zeit erlaubte, mit den Einzelnen in der Stunde durchzusprechen". Laspeyres zur Leistung seiner Schüler:

„Mit den Leistungen der Meisten war ich zufrieden, mit denen Vieler sogar in hohem Grade. Leider verlor ich gerade von den für die Nationalökonomie am meisten Befähigten mehr als Einen im Verlauf des Schuljahres." (Laspeyres, 1866, S. 4)

In der Forschung befasste sich Laspeyres unter anderem mit der Messung und Erklärung der Veränderung von Preisen über die Zeit. Während seiner Tätigkeit an der Universität Basel erschien seine erste Arbeit über die Messung von Preis- und Geldwertveränderungen in den Jahrbüchern für Nationalökonomie und Statistik.[9] Sein dort verwendeter Preisindex auf der Basis eines einfachen arithmetischen Mittels wurde in der Folge durch andere Forscher (insbesondere Drobisch und Geyer) kritisiert, worauf Laspeyres ihre Argumente analysierte und schliesslich verwarf. In seiner 1871 erschienenen Publikation kam er zum Schluss: „Nach obenstehenden Ausführungen gegen Drobisch und Geyer glauben wir vorläufig die Berechnung der durchschnittlichen Preisbewegungen wie früher nach dem arithmetischen Mittel aus allen Einzelbewegungen machen zu müssen" – also so, wie er das bereits 1864 zu seiner Basler Zeit in seiner ersten Publikation vorgeschlagen hatte. Er ergänzte: „Wenn wir die in einem Lande von jeder Waare consumirten Quantitäten ermitteln könnten, würden wir die Quantitäten gern mit in Rechnung setzen. Auf diese Berechnung nach unserer oben aufgestellten Formel werden wir aber noch lange verzichten müssen." (Laspeyres, 1871, S. 314). Heute gehört diese Überlegung zum Selbstverständnis jedes Konsumentenpreisindexes, der auf der damals von Laspeyres geschaffenen Preisindexformel beruht. Diese berechnet Preisveränderungen zwischen der Periode 0 und t auf der Grundlage eines in der Basisperiode 0 beobachtbaren Warenkorbes (q_i^0) der n Güter:

$$P_{t;0}^{La} = \frac{\sum_{i=1}^n p_i^t q_i^0}{\sum_{i=1}^n p_i^0 q_i^0} \quad (1)$$

Erste Überlegungen dazu finden sich bereits in Laspeyres' Publikation von 1864.[10] Man kann also davon ausgehen, dass die Arbeiten am später berühmt gewordenen Laspeyres-Preisindex mit dem Wirken von Prof. Laspeyres an der Universität Basel zusammenhängen. Die Wirtschaftswissenschaftliche Fakultät dokumentiert und ehrt diesen Ursprung und die Verankerung der eigenen Disziplin an der Universität Basel in ihrem Siegel (siehe Schaubild). Die Formel (1) von Laspeyres ziert den Hintergrund jedes Diploms der Absolventen und Absolventinnen der Studiengänge an der Wirtschaftswissenschaftlichen Fakultät.

Laspeyres nahm im Herbst 1866 einen Ruf als Professor für Nationalökonomie an das baltische Polytechnikum Riga an. Die Professur blieb an der Universität Basel bis 1868 unbesetzt und wurde dann durch verschiedene Professoren, von denen die meisten nur sehr

kurz (oft nur zwei Semester) in Basel blieben, ausgeübt. Karl Bücher war dann, wie er selber schrieb, der bisher „längste Nationalökonom" an der Universität Basel (1883–1890) und bot zum Beispiel das Fach „Ausgewählte Kapitel der Sozialstatistik" an (Mangold 1931, S. 133). Von 1887 bis 1890 präsidierte er auch die Statistisch-Volkswirtschaftliche Gesellschaft, deren Mitbegründer im Jahre 1870 und erster Präsident Prof. Hermann Kinkelin, Professor für Mathematik an der Universität Basel, war. In seinen Memoiren blickt Bücher (1919, S. 323 ff.) auf seine Zeit in Basel zurück und bemängelt unter anderem das relativ tiefe Gehalt, die sehr geringe Zahl der Studierenden in Nationalökonomie, das Fehlen einer Fachbibliothek und die fehlende Aufnahme seiner Vorlesungen in den Studiengang der Juristen. Sehr gefreut hat ihn der rege Austausch zwischen Wissenschaft und Praxis in den von der Statistisch-Volkswirtschaftlichen Gesellschaft organisierten Vorträgen. Bücher (1919, S. 355 f.) betont das grosse „wissenschaftliche Interesse", die „praktische Sachkunde" und die Tatsache, dass dort sogar „die Statistik, die für die Behandlung in grösseren Kreisen sich ziemlich spröde erweist, sehr ernsthaft besprochen werden" konnte.

Nach der 1890 erfolgten Wegberufung von Bücher an die Technische Hochschule Karlsruhe erlebte das Fachgebiet an der Universität Basel eine schwierige Zeit,[11] bis dann im Jahre 1909 mit der Berufung von

Prof. Julius Landmann auf einen zweiten Lehrstuhl für „Nationalökonomie und Statistik mit besonderer Berücksichtigung des Handels" dem Fach „zu neuem Ansehen" verholfen (Bonjour 1960, S. 721) und eine neue Ära eingeleitet wurde. Als Nachfolger von Landmann folgte Professor Edgar Salin (1927), der die Fächer „Geschichte der wirtschaftlichen und politischen Ideen, Wirtschaftsgeschichte, praktische Volkswirtschaftslehre [und] Finanzwissenschaft" lehrte (Bonjour 1960, S. 722).

2. Die Wirtschaftswissenschaftliche Fakultät heute

Die Wurzeln der Wirtschaftswissenschaften an der Universität Basel, wie wir sie soeben kennen gelernt haben, sind meines Erachtens im heutigen Erscheinungsbild der Fakultät mehr denn je sichtbar. Zwar ermangelt es den Lehrenden, trotz eines (vorübergehenden) Rückgangs der Zahl der Bachelorstudierenden in den Jahren 2015–2018, nicht an Studierenden in den zahlreichen Veranstaltungen auf Bachelor-, Master- und Doktoratsebene – die je nach Modulzugehörigkeit, Thema und Niveau viele (>200) oder auch wenige (<15) Studierende vereinigen. Auch ist die Zahl der Professuren gewachsen mit heute knapp 30 Professoren und Professorinnen (Assistant, Associate und Full Professors). Dazu kommen 15 U.S. Gastprofessuren (im Rahmen der Summer School of Law, Business & Economic Policy), 50 Lehrbeauftragte inklusive Universitätsdozierende, Titularprofessoren und permanente Gastprofessorinnen sowie rund 70 Doktorierende und Postdocs. Zudem umfasst die Wirtschaftswissenschaftliche Fakultät die Bereiche „Business" (was einige als Betriebswirtschaftslehre bezeichnen würden) und „Economics" (worunter manche die Volkswirtschaftslehre bzw. Nationalökonomie verstehen). Diese Bereiche sind heute methodisch integriert und befassen sich mehr mit mikroökonomischen oder aber mit makroökonomischen Fragestellungen.

In verschiedener Hinsicht bestehen grosse Ähnlichkeiten zur Situation unserer Vorgänger vor rund 150 Jahren. Heute wie damals wird von Wirtschaftswissenschaftern an der Universität Basel erwartet, dass sie zur *Bewältigung aktueller Herausforderungen* beitragen. Prof. Schnell sprach bei der Schaffung des Lehrstuhls für Nationalökonomie und Statistik 1854 von den „Schäden und Gebrechen unter Reich und Arm" (heute: Verteilungsfragen) sowie von der „Auswanderung" (heute: Migration bzw. Europäische Integration). Der Verein Junger Kaufleute betonte den „riesenhaft erweiterten Verkehr" (heute: Globalisierung) und „gänzliche Umwälzungen Jahrhunderte alter Ansichten, Gewohnheiten und Verhältnisse" (heute: Implikationen von Digitalisierung, Umwelt und Energie) bei der Berufung von Laspeyres im Jahr 1864. Ebenso wurde damals die *Bedeutung der Statistik* erkannt – bereits durch die von Bernoulli ins Leben gerufene Zeitschrift „Schweizerisches Archiv für Statistik und Nationalökonomie" und dann vor allem durch die Forschung und Lehre von Laspeyres. In seiner Schrift über „die Kathedersocialisten" bemängelte Laspeyres (1875) den verbreitet qualitativen Charakter der Nationalökonomie und forderte eine „statistische Nationalökonomie" auf der Basis von neu erhobenen Daten (deren Bedeutung er, wie in Abschnitt 1 erwähnt, in der Berechnung von Preisveränderungen früher schon erkannt hatte). Heute gehört die Verwendung von Daten, deren Konfrontation mit der Theorie anhand von statistischen und ökonometrischen Verfahren, das Erkennen von Mustern in riesigen Datenmengen auf der Basis von Algorithmen („Machine Learning") sowie die Durchführung bzw. Auswertung von Experimenten (natürliche und im Labor) zum Alltag in Lehre und Forschung fast aller Mitglieder der Wirtschaftswissenschaftlichen Fakultät.

Der wissenschaftliche Diskurs und die Publikation der Forschungsergebnisse in anerkannten wissenschaftlichen Zeitschriften – wenn möglich in den allerbesten – ist das Ziel jedes Forschers und jeder Forscherin an der Wirtschaftswissenschaftlichen Fakultät – genau so, wie das wohl bereits Laspeyres anstrebte. Gleichzeitig bemühen sich die meisten Mitglieder, auch praxisrelevante Beiträge und Vorträge zu liefern, welche in der regionalen und nationalen Öffentlichkeit wahrgenommen werden. Die entsprechenden Erwartungen wurden bereits 1864 durch den Verein Junger Kaufleute artikuliert. Der von Laspeyres geschaffene und erst viele Jahre später in der Praxis genutzte Preisindex ist ein schönes Beispiel, aber auch die von Bernoulli initiierten zweiwöchentlich publizierten „Baslerischen Mittheilungen zur Förderung des Gemeinwohls" passen gut dazu. Die von Bernoulli damals angebotenen Bereiche „Technologie" und „Nationalökonomie" (von Schnell in seinem Rückblick auf das Gebiet von Bernoulli noch als disjunkt betrachtet) werden an der Wirtschaftswissenschaftlichen Fakultät heute integriert analysiert, zum Beispiel in den Themen Energie, Umwelt, FinTech, Digitalisierung oder Internationalisierung.

Interessant ist auch die Tatsache, dass damals wie heute die Veranstaltungen der Wirtschaftswissenschaften keine sichtbare Rolle in den Studiengängen der Rechtswissenschaften haben. Und bei der derzeit an der Wirtschaftswissenschaftlichen Fakultät diskutierten Curriculumsreform soll unter anderem das gefördert werden, was Laspeyres damals (auch) praktizierte – zum Beispiel das Verfassen von Essays durch die Studierenden. Oder es wird nach Möglichkeiten gesucht, um die besten Studierenden nicht zu verlieren, worauf bereits Laspeyres hinwies. Schliesslich ist die Fakultät sehr stark von Drittmitteln (inklusive Forschungsgeldern des Schweizerischen Nationalfonds) abhängig; zurzeit stammen gegen 50% der Mittel, welche die Fakultät für die Lehre und Forschung ausgibt, von Mäzenen, Forschungsprogrammen und Sponsoren. Zur Erinnerung: Der Lohn von Laspeyres wurde zu einem Sechstel von der akademischen Gesellschaft finanziert und der Verein Junger Kaufleute hatte zuvor seine finanzielle Unterstützung angeboten.

Die Lehre und Forschung an der Wirtschaftswissenschaftlichen Fakultät ist vielfältig und befasst sich mit zahlreichen aktuellen Themen. Die theoretischen Grundlagen für die Beantwortung der Fragen sind „plural" und beinhalten klassische und neoklassische Ansätze, allgemeine Gleichgewichts- und Partialgleichgewichtsmodelle sowie auch Ansätze aus der Spieltheorie und Modelle mit asymmetrischer Information oder auf der Basis beschränkter Rationalität. Dabei werden auch Ansätze aus der Psychologie (Behavioural Economics), und der Soziologie (Institutionenforschung) oder Verbindungen zur Geschichte (Economic History) einbezogen. Wichtig ist, dass diese Überlegungen in den Wirtschaftswissenschaften theoretisch vertieft und vereinfacht, mit Daten konfrontiert und auf der Basis statistischer und ökonometrischer Verfahren minuziös überprüft werden.

Es scheint, dass heute in der betriebs- und volkswirtschaftlichen Forschung all das mit einem höheren Grad an methodischer Sophistizierung gemacht wird, was Laspeyres und seine Kollegen vor rund 150 Jahren im Rahmen ihrer ersten Professuren für Nationalökonomie und Statistik an der Universität Basel aufzubauen begannen. Diese Interpretation steht in einem gewissen Gegensatz zur Betrachtung des Historikers Martin Lengwiler (2010), der mit Verweis auf Edgar Salin argumentiert: „Die Basler Nationalökonomie hat sich, anders als an anderen schweizerischen Universitäten, über weite Strecken als Teil eines breit verstandenen sozial- und geisteswissenschaftlichen Fächerkanons entwickelt" (S. 1). Lengwilers Argument basiert auf der Beobachtung, dass in Basel die Nationalökonomie nicht aus der Juristischen, sondern aus der Philosophisch-Historischen Fakultät hervorging. Dieser Beitrag betont hingegen, dass an der Universität Basel die Nationalökonomie mit der Verbindung zur Statistik von Anfang an eine starke quantitative Komponente (methodisch und inhaltlich) aufwies, die im heutigen Erscheinungsbild der Wirtschaftswissenschaftlichen Fakultät tief verankert und unübersehbar ist.

3. Rolle und Bedeutung der Statistisch-Volkswirtschaftlichen Gesellschaft

Eine wesentliche Rolle der Statistisch-Volkswirtschaftlichen Gesellschaft ist, wie gesagt, der Austausch zwischen Wissenschaft und Praxis. Die in der Aula der Universität Basel gehaltenen Vorträge von Vertretern aus Politik, Wirtschaft und Wissenschaft zu aktuellen Themen, die Möglichkeit, am Schluss zwei bis drei Fragen zu stellen, und das anschliessende gemeinsame Nachtessen, an dem weiter diskutiert werden kann, stellen quasi das „Kerngeschäft" der Gesellschaft dar. Wie in Abschnitt 1 aufgezeigt, betonte schon Karl Bücher die Fruchtbarkeit dieses Austausches im 19. Jahrhundert, indem er das „wissenschaftliche Interesse" und die „praktische Sachkunde" des an den Vorträgen präsenten Publikums lobte. Es konnten, so Bücher (1919, S. 23 ff.), zu dieser Zeit „jeden Winter 6-7 grössere Vorträge gehalten" werden, die „Zeitfragen, wie die Eisenbahnverstaatlichung in der Schweiz, das Banknotenmonopol, die Unfallversicherung, die Kartelle, Corners und Trusts" betrafen.

Dabei trugen sehr oft auch die Nationalökonomen an der Universität vor. Mangold (1931, S. 49) schreibt zu diesem Austausch: „Die Vertreter der Wissenschaft, insbesondere die Nationalökonomen der Universität, genossen hohes Ansehen, umso mehr, als sie sich am Leben der Gesellschaft stark beteiligten. (…). Kinkelin, Miaskowski, Paul Speiser und dann Bücher führten von 1870 bis 1890 den Vorsitz. Adler, Bauer, Landmann haben oft vorgetragen. Die Anregungen der Professoren fanden Zustimmung (…)." Dies blieb aber nicht immer so. Mangold (1931, S. 45) berichtet vom Nachlassen der Tätigkeit der Statistisch-Volkswirtschaftlichen Gesellschaft und dem sich im Herbst 1922 formierenden Wunsch nach einer „Neubelebung": „Die Initianten wünschten wieder mehr ins Praktische überlaufende Vorträge. Sie wollten Leute der Praxis hören und nicht soviele Vertreter der Wissenschaft."

Die Frage stellt sich, wie gross die Bedeutung der Statistisch-Volkswirtschaftlichen Gesellschaft für die regionale Wirtschaft, Gesellschaft und Politik heute ist. Im Unterschied zu früher gibt es heute ein viel grösseres Angebot an Vorlesungen und Seminaren im Rahmen des „normalen" Lehrangebotes an der Universität Basel für Studierende auf allen Ebenen. In diese Veranstaltungen werden oft auch Praktiker eingeladen, von deren Ausführungen die Studierenden profitieren. Dazu kommt die von der Volkshochschule beider Basel angebotene SeniorenUni, wo Wissenschaftler und Wissenschaftlerinnen der Universität Basel Einblicke in ihre Forschungstätigkeit geben. Schliesslich bietet die Vereinigung Basler Ökonomen eine eigene Veranstaltungsreihe mit Vorträgen und Podiumsdiskussionen an. Nicht zu vergessen sind schliesslich öffentliche Vorträge und Diskussionsabende zu aktuellen Themen, welche von Kollegen und Kolleginnen der Wirtschaftswissenschaftlichen Fakultät, vom WWZ Forum sowie der Summer School in Law, Business & Economic Policy organisiert werden. Das Angebot für Studierende, Vertreter und Vertreterinnen aus Politik und Wirtschaft sowie für Wissenschaftler, welche regelmässig auch an Forschungsseminaren und Kolloquien teilnehmen, ist schlicht *riesig*.

Betrachtet man diese Entwicklung, ist es erstaunlich, dass es der Statistisch-Volkswirtschaftlichen Gesellschaft immer noch gelingt, regelmässig ein grosses Publikum an die Vorträge zu bewegen. Attraktiv erscheinen vor allem Reden von prominenten Vertretern aus Politik und Wirtschaft – von Personen, die man von den Medien kennt, die man sonst aber nie hautnah erleben kann: Bundesräte, prominente Parlamentarierinnen, Top-Manager oder Präsidentinnen von Parteien oder Verbänden. Diese Prominenz steht für die anderen „Gefässe" an der Universität Basel in der Regel ausser Reichweite. Auch Studierende ergreifen diese Gelegenheit gerne, wenn sie diese überhaupt kennen. Und dies scheint aufgrund der heutigen Informationsflut gar nicht so einfach zu sein.

Wie steht es mit dem inhaltlichen Austausch? Dieser bleibt im Kurzvortrag und den wenigen Fragen, die gestellt werden können, eher beschränkt. Dazu bräuchte es mehr Zeit, mehr Diskussion und auch eine Plattform, welche einen vertiefenden Diskurs ermöglicht. Der Austausch zwischen Wissenschaft und Praxis erfolgt aufgrund meiner persönlichen Erfahrung viel mehr an dem anschliessenden Nachtessen, beim Apéro und in der Diskussion am runden Tisch. Die sorgfältig geplante Zusammensetzung kann dazu führen, dass neue Ideen entstehen und Kontakte geknüpft werden. Meines Erachtens unterschätzen sowohl Praktiker wie auch Wissenschaftler die heutige Bedeutung und das Potenzial dieses Austausches.

4. Fazit

Die Schaffung des ersten Lehrstuhls für Nationalökonomie und Statistik an der Universität Basel im Jahre 1855 wie auch die 1870 erfolgte Gründung der Statistisch-Volkswirtschaftlichen Gesellschaft waren eine Reaktion auf ein wachsendes Bedürfnis in Wirtschaft, Gesellschaft und Politik. Der Anspruch war gross: Fundamentale Veränderungen des Zusammenlebens zu verstehen, die Bildung auf wissenschaftlicher Grundlage zu fördern und die Politik in der Bewältigung der zahlreichen Herausforderungen zu unterstützen. Ziel war es, an der Universität eine Professur zu schaffen, welche wissenschaftliche Analysen auf der Basis von Fakten und Daten („Statistik") und im Hinblick auf gesamtgesellschaftliche Zusammenhänge und das Gemeinwohl („Nationalökonomie") anstreben würde. Die Statistisch-Volkswirtschaftliche Gesellschaft diente dem Austausch zwischen diesen Professuren und der Praxis – und zwar in beide Richtungen.

Auszüge aus der Liste der Themen der Vorträge, welche im Rahmen dieser Gesellschaft über die letzten 150 Jahre gehalten wurden, bestätigen, dass dieser Anspruch immer wieder erfüllt worden ist. An den anschliessenden Nachtessen dürften mehrfach Grundlagen für neue Erkenntnisse, neue Betrachtungsweisen und erfolgreiche Zusammenarbeiten entstanden sein. Aber auch die Wirtschaftswissenschaftliche Fakultät der Universität Basel – selbstverständlich beeinflusst durch die globale Entwicklung der einzelnen von ihr vereinten Disziplinen – dokumentiert ihren Ursprung im Siegel zu Recht: Wirtschaftswissenschaftliche Theorien werden heute laufend weiterentwickelt, der Anspruch nach empirischen, datengestützten Analysen ist allumfassend, die Suche nach kausaler Evidenz erfüllt höchste statistische Anforderungen und Experimente werden zahlreich durchgeführt und statistisch ausgewertet.

Die „Pluralität" widerspiegelt sich in der Vielfalt der Themen, Theorien und empirischen Methoden. Überlegungen zu Zusammenhängen innerhalb von Firmen, Regionen, Nationen und auch international werden so laufend anhand von Daten „auf den Boden der Realität" gebracht. Der kritische Diskurs zwischen Wissenschaft und Praxis bleibt dabei zentral. Diesen Diskurs weiter zu pflegen – und in Zukunft noch zu verstärken – muss ein grosses Anliegen von beiden, der Statistisch-Volkswirtschaftlichen Gesellschaft und der Wirtschaftswissenschaftlichen Fakultät der Universität Basel, sein! Das grosse Thema „Volkswirtschaft und Statistik", modern interpretiert, wird dabei immer Gesprächsstoff liefern.

Anmerkungen:

1. Rolf Weder ist Professor für Aussenwirtschaft und Europäische Integration und Dekan an der Wirtschaftswissenschaftlichen Fakultät der Universität Basel. Ich danke Riccardo Bentele für die ausgezeichnete Unterstützung bei der Recherche und Transkription von Originalquellen.
2. Kleiner Rat des Kantons Basel-Stadt (1864). Das Gehalt entsprach 3000 CHF pro Jahr, wovon 500 CHF von der akademischen Gesellschaft beigetragen wurden.
3. Mangold (1931, S. 130); Bonjour (1960, S. 717).
4. Interessant sind dazu folgende Ausführungen von Schnell, auf die ich noch zurückkommen werde: „Bisher war derselbe Meister für Nationalökonomie und Technologie vorhanden [mit Fussnotenverweis auf Prof. Dr. Christoph Bernoulli]. Diese beiden Gebiete haben aber unter sich gewiss noch weniger gemein als Botanik und Zoologie, sondern die einzige Verbindung ruht in der hochbegabten Persönlichkeit, die beides in seltenem Masse vertritt, eine Zufälligkeit, die gewiss einzig in ihrer Art dasteht und ihre volle Berechtigung hatte, so lange diese Persönlichkeit jugendkräftig auftrat" (siehe Mangold, 1931, S. 129).
5. Viel lag Bernoulli daran, das Nachdenken über „fehlerhafte Überlegungen" und „unrichtige Schlussfolgerungen" in der Öffentlichkeit zu fördern. So Lüthi (1949, S. 174 f.): „Da die Nationalökonomie damals vielerorts gering geachtet war, bemühte er sich zu erklären, was diese Wissenschaft sei und was sie wolle, und da oft volkswirtschaftlich unklare oder falsche Behauptungen aufgestellt wurden, wollte er die Ergebnisse und Erkenntnisse der bisherigen Forschung ins Volk, unter die Gebildeten tragen. Er ging meist von einem Ereignis oder von einer kürzlich erschienenen Schrift aus."
6. Mangold (1931, S. 130).
7. Verein Junger Kaufleute (1864).
8. Allgemeine Gewerbeschule Basel (1865, S. 38). Die weiteren von Laspeyres behandelten Themen waren: „Capital- und Arbeitsvereinigung", „Association und Miethe", „Staatsrechtlicher und privatrechtlicher Schutz der Wirthschaft", „Assekuranz", „Preis der Waaren", „Preis der Arbeit (Lohn), Preis der Capitalnutzung (Zins)", „Productionskosten", „Rohertrag und Reinertrag", „Vermögen und Einkommen", „Tausch und Kauf", „Hülfsmittel des Verkehrs", „Juristischer und wirthschaftlicher Begriff des Geldes (Metallgeld, Geldpapier und Papiergeld)".
9. Laspeyres (1864b).
10. Siehe Laspeyres (1864b, S. 99).
11. Mangold (1931) schreibt sogar: „Nach Bücher erfolgte eine Besetzung der nationalökonomischen Professur, die einem Missgriff sehr nahekam" (S. 134).

Bibliographie:

Allgemeine Gewerbeschule Basel (1865), Berichterstattung über die Verhältnisse der Gewerbeschule, Staatsarchiv Basel.

Bonjour, Edgar (1960), Die Universität Basel: von den Anfängen bis zur Gegenwart, 1460–1960, Basel: Helbing & Lichtenhahn.

Bücher, Karl (1919), Lebenserinnerungen von Karl Bücher, Bd. 1, Tübingen: Laupp.

Kleiner Rat des Kantons Basel-Stadt (1864), Beschluss des Kleinen Rates des Kantons Basel-Stadt vom 18. Juni 1864 betreffend Berufung von Étienne Laspeyres, Staatsarchiv Basel (Erziehung CC 21).

Laspeyres, Étienne (1864a), Brief von Laspeyres vom 25. Mai an Erziehungskollegium Basel, Staatsarchiv Basel (Erziehung CC 21).

Laspeyres, Étienne (1864b), „Hamburger Waarenpreise 1851–1863 und die californisch-australischen Goldentdeckungen seit 1848. Ein Beitrag zur Lehre von der Geldentwertung", Jahrbücher für Nationalökonomie und Statistik, 9, S. 81–118 und 209–236.

Laspeyres, Étienne (1866), „Bericht über den Unterricht in der Nationalökonomie an der Gewerbeschule", Brief vom 13. April 1866 (Staatsarchiv Basel V 16).

Laspeyres, Étienne (1871), „Die Berechnung einer mittleren Waarenpreissteigerung", Jahrbücher für Nationalökonomie und Statistik, 16, S. 296–314.

Laspeyres, Étienne (1875), Die Kathedersocialisten und die statistischen Congresse: Gedanken zur Begründung einer nationalökonomischen Statistik und einer statistischen Nationalökonomie, Berlin: Habel.

Lengwiler, Martin (2010), „Der lange Schatten der Historischen Schule. Die Entwicklung der Wirtschaftswissenschaften an der Universität Basel", Historisches Seminar, Januar (www.unigeschichte.unibas.ch).

Lüthi, Walter. (1949), „Die nationalökonomischen Schriften Christoph Bernoullis", Basler Zeitschrift für Geschichte und Altertumskunde, 48, S. 167–204.

Mangold, Fritz (1931), Die Statistisch-Volkswirtschaftliche Gesellschaft zu Basel, 1870–1930: im Rahmen der Wirtschaftlichen Entwicklung Basels und seiner Einrichtungen für das wirtschaftswissenschaftliche Studium, Birkhäuser.

Verein Junger Kaufleute (1864), Brief an die Universität Basel vom 13. Mai 1864 betreffend Berufung von Étienne Laspeyres, Staatsarchiv Basel (Erziehung CC 21).

**Theorie und Praxis
damals und heute**

Der Blick rund 150 Jahre zurück auf die Entstehung der Statistisch-Volkswirtschaftlichen Gesellschaft und der Wirtschaftswissenschaftlichen Disziplin an der Universität Basel lässt deren engen Bezug erkennen. Beide wurden geschaffen, um die grossen Herausforderungen der damaligen Zeit in der Region Basel zu bewältigen, mit Hilfe von Statistiken eine bessere Basis für Problemanalysen zu schaffen und den Diskurs zwischen Wissenschaft und Praxis durch Ausbildung, öffentliche Vorträge und regelmässige Publikationen zu fördern. Nicht umsonst enthielt der neu geschaffene Lehrstuhl, auf dem Professor Laspeyres 1864 Platz nahm und seine Forschung und Lehre mit Engagement in Angriff nahm, die Bezeichnung „Nationalökonomie und Statistik". Und nicht zufällig vereinte die Gesellschaft, welche 1870 gegründet wurde, die Begriffe „Statistik" und „Volkswirtschaft". Die Auseinandersetzung zwischen Theorie und Praxis lag im Kern sowohl der Statistisch-Volkswirtschaftlichen Gesellschaft wie auch der Wirtschaftswissenschaftlichen Disziplin an der Universität Basel.

So setzten die Professoren Christoph Bernoulli, Étienne Laspeyres and Karl Bücher damals an der Universität Basel die Grundlage für die Entwicklung einer Disziplin, deren Ursprung im heutigen Erscheinungsbild der Wirtschaftswissenschaftlichen Fakultät unverkennbar ist. Wie für die Wirtschaftswissenschaften üblich, besteht zwar ein breites disziplinäres Verständnis, welches verhaltens-, sozial-, politik- und geschichtswissenschaftliche Elemente verbindet, um das Verhalten von Akteuren und Institutionen auf regionaler, nationaler und internationaler Ebene zu verstehen und so laufend nach besseren Spielregeln der dezentralen Interaktion zu suchen. Bedeutend ist meines Erachtens aber das in der Wirtschaftswissenschaftlichen Fakultät der Universität Basel breit abgestützte methodische Selbstverständnis, konkrete gesellschaftliche Probleme auf der Basis von Theorie und Daten, auch mit Hilfe neuer Technologien, zu studieren. Dabei hat die Datenmenge, welche zur Verfügung steht (aus offiziellen Statistiken) oder aufbereitet werden kann (aus dem Internet oder in Experimenten) extrem zugenommen. Dies war, wie die Ausführungen zeigen, bereits ein grosses Anliegen von Bernoulli, Laspeyres und Bücher.

Die Statistisch-Volkswirtschaftliche Gesellschaft sah ihre Rolle nach der Gründung und in ihrer weiteren Entwicklung darin, den Austausch zwischen Wissenschaft und Praxis zu fördern. Sie schuf eine Plattform, welche es – am Anfang vor allen den Nationalökonomen an der Universität Basel – erlaubte, neue Erkenntnisse zu präsentieren und zu diskutieren. Dabei war es der Gesellschaft grundsätzlich immer ein Anliegen, dass der Diskurs im Zentrum stand, damit beide Seiten voneinander profitieren können. Die in diesem Jubiläumsband aufgelisteten Vorträge dokumentieren auch die Aktualität der Themen, zu welchen gesprochen und diskutiert wurde. In Anbetracht der in den letzten Jahrzehnten explodierenden Informationsfülle dürfte der Mehrwert der Statistisch-Volkswirtschaftlichen Gesellschaft in Zukunft noch mehr darauf basieren, den direkten und interaktiven Austausch zwischen Vertretern und Vertreterinnen aus Wissenschaft und Praxis zu fördern – im Plenum und in den anschliessenden Gesprächen. (RW)

VORTRAGSLISTE Oktober 1931 bis heute

Alle Vorträge von 1870 bis Mai 1931 finden sich in der Festschrift zum 60-jährigen Jubiläum der SVG Basel

Fritz Böhler / Walter Hochreiter

Die dreissiger Jahre

Die dreissiger Jahre standen auch in der Schweiz im Zeichen der internationalen Wirtschaftskrise, die in zahlreichen Vorträgen aus verschiedenen Perspektiven beleuchtet wurde. Thematisiert wurden mehrfach Fragen der Arbeitslosigkeit, der Währungssituation und des Goldpreises sowie der wirtschaftlichen Situation des Landes. Traditionell starke Beachtung fand immer wieder die schweizerische Verkehrsinfrastruktur, der Busverkehr, die Eisenbahn, die Luftfahrt sowie die Rheinschifffahrt. Zum 50-jährigen Jubiläum der Eröffnung der Gotthardbahn hielt die SVG Basel 1932 auf Wunsch der Basler Regierung eine Feier ab. Auf internationaler Ebene beschäftigten die schwierige Exportlage, die allgemeine Verschuldung und die Reparationspolitik die Referenten. Gewisse Beunruhigungen schienen sich sowohl in Vorträgen zu Sowjetrussland als auch über das Privateigentum niederzuschlagen. Die politische Situation im Nachbarland und der Weg Deutschlands in den Nationalsozialismus hinterliessen jedoch praktisch keine Spuren. Eine Ausnahme bildete hier der Auftritt des deutschen Reichsbankpräsidenten Hjalmar Schacht im Jahr 1933. Ähnlich diskret verhielt es sich mit Mussolinis Italien, das lediglich 1938 einmalig durch den Abgeordneten und Ex-Minister Alberto Asquini, Faschist der ersten Stunde, in Basel vorstellig wurde. Asquini hielt dabei einen Vortrag über die italienische Kolonialpolitik in Äthiopien mit dem euphemistischen Titel „Die wirtschaftliche Auswertung Italienisch-Ostafrikas" ... Ideologische Annäherungen an den Nationalsozialismus blieben aber auch der Schweiz selbst nicht erspart, so etwa im Vortrag des renommierten Statistikers und Leiters des Eidgenössischen Statistischen Amtes, Carl Brüschweiler (1878–1956) im Jahr 1939. Brüschweiler, der sich zuvor in Artikeln partiell antisemitisch geäussert hatte, beklagte unter dem Titel „Schicksalsfragen der Schweizerischen Bevölkerung" den vor allem in den Städten zunehmenden Geburtenrückgang, der zusammen mit steigender Überalterung die Grundfesten des Schweizer Volksbestandes bedrohe. Der Bundesrat Marcel Pilet-Golaz hingegen, dessen Rede nach der deutschen Besetzung Frankreichs 1940 als Annäherung an den Nationalsozialismus interpretiert wurde, sprach bei der SVG Basel 1933 über ein verkehrspolitisches Thema. Schon 1938 rückte in einem Vortrag zur wirtschaftlichen Kriegsvorsorge offenkundig die Gefahr eines neuen Krieges ins Blickfeld der Aufmerksamkeit.

19. Oktober 1931
Prof. Dr. M. Saitzew
Uni Zürich

Die Arbeitslosigkeit der Gegenwart

27. Oktober 1931
Dir. R. Arnaud
Chambre de Commerce Internationale, Paris

L'organisation de la chambre de commerce Internationale et de sa procédure d'arbitrage

2. November 1931
Dr. R. Eisler
Paris-Wien

Die währungspolitischen Ursachen und die geldtechnische Heilbarkeit der Weltwirtschaftskrise

9. November 1931
Frau Dr. Elsa F. Gasser
Mitarbeiterin der „Neuen Zürcher Zeitung", Rüschlikon-Zürich

Die schweizerischen Lebenskosten in internationaler Beleuchtung

23. November 1931
J. M. Marx
Avocat à la Cour d'appel de Bruxelles

Le vote plural dans les sociétés anonymes et le rôle des actionnaires

15. Dezember 1931
Paul Rossy
Direktor der Nationalbank, Bern

Les mouvements internationaux d'or et de capitaux

9. Februar 1932
Gaston Jèze
Professeur de droit financier, Université de Paris

Les réparations et les dettes

22. Februar 1932
Dr. R. Cottier
Generalsekretär der SBB, Bern

Bundesbahnen und Automobil in der schweizerischen Volkswirtschaft
(mit Lichtbildern),
(Automobil-Club der Schweiz eingeladen)

7. März 1932
Dr. A. Picot
Conseiller d'Etat, Genève

Quelques considérations sur l'histoire et la situation des finances genevoises

4. April 1932
Dr. R. Arzet
Berliner Handels-Gesellschaft, Berlin

Grosse Schulden in der Geschichte

---

9. Mai 1932
Dr. R. Dollfus
Nationalrat, Castagnola-Bern

La situation des finances de la confédération

---

30. Mai 1932
M. Staehelin
Vize-Präsident der Basler Handelskammer

Dr. H. Henrici
Erster Sekretär der Basler Handelskammer

Feier zur Erinnerung an die Eröffnung der Gotthardbahn
(auf Wunsch der Basler Regierung)

---

6. Juni 1932
Dr. H. Gschwind
Dr. A. Wilhelm
Generaldirektor M. Golay
Dr. M. Riesen
Alle Herren von Basel

Aussprache über „Die heutige Wirtschaftslage, mit besonderer Berücksichtigung der schweizerischen Volkswirtschaft"

---

26. Oktober 1932
Dr. R. Rosendorff
Berlin

Konzerndämmerung (die Konzerne im Zeichen der Wirtschaftskrise und die Stellung des Gesetzgebers zu ihnen: Deutschland, England, Italien)
(Spezielle Einladung des Basler Juristenvereins)

---

31. Oktober 1932
Dir. P. Buser
Rheinschifffahrtsamt Basel

Der heutige Stand der schweizerischen Rheinschifffahrt, mit besonderer Berücksichtigung des Basler Rheinhafens

---

14. November 1932
Fürsprech P. Renggli
Direktor des Bundesamtes für Industrie, Gewerbe und Arbeit, Bern

Die Bekämpfung der Arbeitslosigkeit in der Schweiz

---

21. November 1932
Dir. H. Stucki
Schweizerischer Bankverein, Basel

Zur Lage der Weltwirtschaft, mit besonderer Berücksichtigung der Schweiz

---

28. November 1932
M. Rambert
Delegierter des Verwaltungsrates der schweizerischen Rundspruch-Gesellschaft, Bern

En Suisse: La radio, la vie économique et la presse

---

12. Dezember 1932
Prof. Dr. Hans Ritschl
Nationalökonom, Ordinarius für Finanzwissenschaft an der Universität Basel, Basel

Die Wandlungen des Kapitalismus

---

16. Januar 1933
Dr. L. Lamoureux
Ancien Ministre, Paris

Comment on prépare, comment on vote et comment on exécute le budget de l'Etat français

---

18. Januar 1933
Dr. W. Marti
Korrespondent der Neuen Zürcher Zeitung, Bruxelles

Ein europäischer Kleinstaatenblock
(Auf Einladung der neuen Helvetischen Gesellschaft)

30. Januar 1933
Dr. E. von Hofmannsthal
Rechtsanwalt in Wien

Juristische Sicherungen im Wirtschaftsverkehr mit Russland. Recht, Richter und Anwälte bei den Sowjets
(Auf Einladung des Instituts für Internationale Rechts- und Wirtschaftsberatung)

13. Februar 1933
C. Blessing
B. I. Z., Basel

Aktuelle Währungsprobleme

27. Februar 1933
Bundesrat Dr. M. Pilet-Golaz
Bern

L'assainissement des Chemins de Fer Fédéraux

20. März 1933
Prof. Dr. Th. Brogle
Rektor der Kantonalen Handelsschule, Basel

Die Betriebswirtschaftslehre und die schweizerische Wirtschaftspraxis

27. März 1933
H. Schneebeli
Generalsekretär der Schweizerischen Nationalbank, Zürich

Die Schweizerische Nationalbank: 1907–1932. Reminiszenzen

4. April 1933
Dr. Ing. h.c. A. Kaech
Bern

Reminiszenzen über den Ausbau der schweizerischen Wasserkraftanlagen, mit besonderer Berücksichtigung der Kraftwerke Oberhasli (Grimselwerke)
(Zusammen mit dem Ingenieur- und Architektenverein)

8. Mai 1933
G. Potut
Prof. à l'Ecole des Hautes Etudes Commerciales, Paris

La politique d'or de la France

26. Mai 1933
**Dr. med. h.c.
Chr. Buchmann-Schardt**
Basel

Die finanziellen Grundlagen der Universität Basel

16. Oktober 1933
Prof. Dr. Eugen Grossmann
Zürich (Universität)

Das Problem der Steuerlast

30. Oktober 1933
M. André Siegfried
Professeur au Collège de France, Paris

Le développement économique de l'Amérique du Sud
(Zu diesem Vortrag waren eingeladen: Société d'Etudes Françaises und Société Industrielle de Mulhouse)

6. November 1933
M. Maurice Golay
Directeur général de la Société de Banque Suisse, Bâle

Problèmes économiques d'actualité

6. November 1933
Prof. Dr. Th. Brogle
Rektor der Kantonalen Handelsschule, Basel

Betriebsgrösse und Wirtschaftskrise
(Antrittsvorlesung an der Basler Universität)

13. November 1933
Minister Dr. h.c. W. Stucki
Direktor der Handelsabteilung des Eidg. Volkswirtschaftsdepartements, Bern

Zur schweizerischen Handelspolitik
(Zu diesem Vortrag wurden die Mitglieder des „Basler Handels- und Industrievereins" eingeladen)

17. November 1933
Prof. Dr. P. Keller
Handels-Hochschule St. Gallen

Gedankengänge zur Arbeitslosigkeit
(Einladung der Neuen Helvetischen Gesellschaft Basel)

23. November 1933
Prof. Dr. Sauser-Hall
Genève (Université)

Du Coran au nouveau droit turc
(Einladung des Basler Juristenvereins)

5. Dezember 1933
Prof. Dr. A. E. Rohn
Präsident des Eidgenössischen Schulrats, Zürich

Technik und Wirtschaft
(Eingeladen: Basler Ingenieur- und Architektenverein und Gesellschaft ehemaliger Studierender der ETH)

11. Dezember 1933
Dr. Hjalmar Schacht
Präsident der Reichsbank, Berlin

Zins oder Dividende?
Eine Frage an die Welt
(Einladung der „Deutschen Handelskammer für die Schweiz", Basel)

15. Januar 1934
M. P. Rossy
Eidgenössisches Finanzdepartement, Bern

L'or métronome de l'économie

M. E. Guillaume
Directeur de la Société d'Assurance „La Neuchâteloise", Neuchâtel

Principes fondamentaux

M. G. Guillaume
Paris

Résultats expérimentaux

23. Januar 1934
Dr. Ed. Tissot
Administrateur-Délégué de la Société Suisse pour l'Electricité et la Traction, Bâle

La conférence mondiale de l'énergie du point de vue économique
(Zu diesem Vortrag waren eingeladen: Sektion Basel des Schweiz. Ingenieur- und Architektenvereins, Gesellschaft ehemaliger Studierender an der ETH)

26. Februar 1934
E. Scherz
Direktor der Kantonalbank von Bern, Bern

Der Fremdenverkehr und die Hotellerie in der Schweiz

12. März 1934
Dr. Paul Berryer
B.R.I.; ci-devant Avocat à la Cour d'Appel de Liège

Les travaux publiques sont-ils un remède au chomage?

28. März 1934
Dr. R. Eisler
New York – Paris – Wien

Währungs- und Wirtschaftspolitik des Präsidenten Roosevelt

22. April 1934
Staatsrat F. Porchet
Lausanne

Kampf um die Existenz der schweizerischen Landwirtschaft
(Einladung der Neuen Helvetischen Gesellschaft, Basel)

Auszug aus einem Bericht zum Vortrag von Hjalmar Schacht in der „Arbeiter-Zeitung" (genaues Datum unbekannt).

Schacht verhöhnt die Gläubiger Deutschlands

Er droht der Schweiz, hetzt gegen die jüdischen Emigranten und gesteht Deutschlands Zahlungsunfähigkeit / Eine Interpellation im Nationalrat

Genosse Schneider hat im Nationalrat folgende Interpellation eingereicht:

«Der Präsident der deutschen Reichsbank hat am Montagabend in Basel über die deutschen Schulden gesprochen und dabei angekündigt, daß Deutschland nicht mehr in der Lage sei, einen 50prozentigen Transfer zu bewerkstelligen und «daß das starre Festhalten an Rechtsansprüchen in außergewöhnlichen Zeiten ungeheure Gefahren in sich berge».»

Was hat der Bundesrat zu diesen alarmierenden und die schweizerische Volkswirtschaft bedrohenden Ausführungen Dr. Schacht's zu erklären?

Die mit zahlreichen Presseartikeln und parlamentarischen Diskursen vielleicht grössten publizistischen und politischen Wellen in der gesamten Vortragsgeschichte schlug ein Anlass, der eigentlich gar nicht von der SVG Basel selbst initiiert wurde. Vielmehr war es die „Bezirksgruppe Basel" der „Deutschen Handelskammer in der Schweiz", die am Montag, 11. Dezember 1933, also elf Monate nach Hitlers Machtergreifung, den damaligen deutschen Reichsbankpräsidenten und späteren Reichswirtschaftsminister (1934–1937) Hjalmar Schacht – 1925 schon einmal Gast der „Statistischen" – zu einem Vortrag ohne Diskussion in den grossen Musiksaal des Casino Basel geholt hatte. Dazu waren die Mitglieder der SVG Basel in corpore und exklusiv eingeladen. Und das Publikum erschien zahlreich: „1600 bis 1700 Besucher" zählte die Deutsch-Schweizerische Wirtschaftszeitung. Schacht hatte seinem Vortrag, der am selben Tag in den „Berliner Börsenberichten" komplett im Druck erschien, den nicht ganz unbescheidenen Titel „Zins oder Dividende? – eine Frage an die Welt" gegeben. Mit seinem Besuch in Basel adressierte er seine Ausführungen freilich zuallererst an die Schweizer Gläubiger, die zu diesem Zeitpunkt um die 2,7 Milliarden Franken in Deutschland investiert hatten. Schacht führte aus, dass die unerbittlich hohen Reparationslasten der Siegermächte des Ersten Weltkrieges die deutsche Wirtschaft zu völliger Überschuldung genötigt hätten und in der Folge zu extrem überhöhten Zinszahlungen verpflichteten. Die Gläubiger müssten dem Schuldner entgegenkommen, einerseits, weil sich ihre Anrechte gar nicht durchsetzen liessen, andererseits, weil sie sonst Gefahr liefen, am Ende das Fundament ihrer Forderungen ganz zu verlieren. Damit lautete die Drohung mehr oder weniger: Zinsverzicht oder Totalausfall der Investitionen.

Schachts Rede sorgte für enormes Aufsehen und zog umfangreiche Reaktionen in Presse und Politik nach sich. Der sozialdemokratische Basler Nationalrat Friedrich Schneider (1886–1966) reichte eine Interpellation ein, in der er von einer „wohlüberlegten Aktion" sprach, mit der man die Gläubiger und damit auch die Schweiz „geradezu verhöhnt" habe. Schneider forderte den Bundesrat auf, „mit aller Entschiedenheit gegen die Bedrohung aufzutreten" und „diejenigen Machtmittel in die Waagschale (zu) werfen, die in diesem Zusammenhang eine Wirkung ausüben" (Arbeiter-Zeitung vom 15.12.1933). Bundespräsident Schulthess, der die freundschaftlichen Beziehungen zu Deutschland nicht aufs Spiel setzen wollte, übte in seiner Antwort jedoch Zurückhaltung: „Die schweizerische Regierung werde höflich, aber ganz bestimmt für eine befriedigende Regelung wirken und Verschlechterungen ablehnen."

Oben: Einladungskarte für den Vortrag von Hjalmar Schacht
Unten: Zeitgenössische Karikatur zur Basler Schacht-Rede aus dem „Nebelspalter" (Nr. 52, 26.12.1933)

Auszug aus der „Arbeiter-Zeitung" vom 15.12.1933.

25. April 1934
Oberingenieur E. Th. Bickel
Berlin – Baden

Wirtschaftliche Gestaltung und Führung industrieller Betriebe

7. Mai 1934
Prof. Dr. R. König
Bern

Die Not der Landwirtschaft in der Welt

11. Juni 1934
H. von Schulthess

Zur wirtschaftlichen Lage Argentiniens

15. Oktober 1934
Prof. Dr. Edgar Salin

Die internationale Währungslage

5. November 1934
Prof. Dr. Albert Calmes

Les unions douanières

10. Dezember 1934
E. Strahm

La situation de l'industrie horlogère suisse

Genaues Datum unbekannt
Dr. h.c. A. Schrafl

Die Sanierung der Schweizerischen Bundesbahnen

11. Februar 1935
Harold Butler

Les aspects sociaux de la nouvelle politique économique aux Etats-Unis

Genaues Datum unbekannt
E. G. Choisy

Le rôle des transports en commun dans le développement des villes (tramways, autobus, trolleybus)

8. April 1935
Minister Dr. Hans Sulzer

Zur Lage der schweizerischen Exportindustrie

7. Mai 1935
Dr. Weiser

Die amerikanischen Goldklauselentscheidungen vom Februar 1936

Genaues Datum unbekannt
Nationalrat Dr. A. Seiler

Die Lage der schweizerischen Kantonsfinanzen

VORTRAGSLISTE Oktober 1931 bis heute

13. Juni 1935
Prof. Dr. Keller

Aus der japanischen Wirtschaft

30. Oktober 1935
Prof. Dr. H. Ritschl

Der Staatshaushalt in der Krise

11. November 1935
Bundesrat Hermann Obrecht

Wirtschaftliche Notstandspolitik

25. November 1935
Exz. Fritz Stockinger

Die Bekämpfung der Wirtschaftskrise in Österreich

9. Dezember 1935
C.-J. Gignoux

La politique économique française et la crise mondiale

5. Februar 1936
Dr. A. Wilhelm

Die chemische Industrie im Rahmen der modernen Wirtschaftsentwicklung

Genaues Datum unbekannt
Prof. Dr. E. Salin

Arbeitsbeschaffung in Basel: Notwendigkeit, Möglichkeit und Grenzen

18. März 1936
Dr. H. P. Zschokke

Kartellpolitik in der Krise

6. April 1936
Dr. R. Rossi

Situation économique du Canton du Tessin et les conditions de son peuple

8. Juni 1936
Prof. Dr. F. Mangold

Die wirtschaftliche Entwicklung des Kantons Baselland seit 150 Jahren

5. Oktober 1936
Dr. Adolf Grabowsky
Basel-Arlesheim

Das Rohstoffproblem

19. Oktober 1936
G. de Leener
Professor an der Université Libre, Brüssel

La dévaluation du franc belge et ses conséquences

9. November 1936
R. Alterman
Vizepräsident und Delegierter des Comité International des Echanges, Paris

Echangisme ou autarchie

23. November 1936
Dr. h. c. Bernhard Jaeggi
Präsident des Aufsichtsrates des VSK, Basel-Freidorf

Die Genossenschaftsidee und die heutige Wirtschaft

14. Dezember 1936
Dr. E. Dietschi
Redaktor der National-Zeitung, Basel

Die Entwicklung des internationalen Luftverkehrs

26. Januar 1937
Prof. Dr. Ludwig von Mises
Wien – Genf

Die Autarkiepolitik und die europäischen Industriestaaten

8. Februar 1937
Fernand Maurette
Stellvertretender Direktor des Internationalen Arbeitsamtes, Genf

Le problème des migrations et de la colonisation en Amérique du Sud

23. März 1937
Dr. h. c. Carl Brüschweiler
Direktor des Eidgenössischen Statistischen Amtes, Bern

Die moderne Türkei

9. April 1937
Prof. Dr. Paul Haensel
Northwestern University, Evanston (Illinois)

Die Ausschaltung des Profitmotivs und deren Folgen in Sowjetrussland

26. April 1937
Prof. Dr. R. Haab
Basel
J. Fischbacher
Direktor der Zürcher Kantonalbank, Zürich
Prof. Dr. O. Howald
vom Schweizerischen Bauernsekretariat, Brugg
Dr. F. Jenny
Adjunkt der Justizabteilung des Eidgenössischen Justiz- und Polizeidepartements, Bern

Die Entschuldung landwirtschaftlicher Betriebe in der Schweiz
(gemeinsam mit der Basler Handelskammer)

21. Juni 1937
Dr. h. c. Alfred Sarasin
Basel

Dr. Adolf Burckhardt-Bischoff und die Frühzeit der Schweizerbanken und der Notenbank

19. Oktober 1937
Prof. Dr. J. Dobretsberger
Damals Rektor der Universität Graz, Graz

Die monetären Konjunkturtheorien und die Erfahrungen in der letzten Krise

15. November 1937
Prof. Dr. Eugen Grossmann
Zürich

Betrachtungen zur schweizerischen Steuerpolitik von 1914–1937

29. November 1937
Prof. Dr. Manuel Saitzew
Zürich

Ersatz und Fortschritt

13. Dezember 1937
Prof. Dr. Hans Ritschl
Basel

Kritik und Rechtfertigung des Privateigentums

10. Januar 1938
Prof. Dr. Paul Keller
Präsident der Kommission für kriegswirtschaftliche Angelegenheiten, Bern

Wirtschaftliche Kriegsvorsorge

24. Januar 1938
Prof. Dr. Fritz Neumark
Istanbul

Ziele und Mittel wirtschaftlicher Haushaltsführung öffentlicher Körperschaften

11. Februar 1938
Max-Leo Gerard
Zurzeit belgischer Finanzminister, Brüssel

Les périls budgétaires des démocraties

14. Februar 1938
Nationalrat Dr. Roger Dollfus
Castagnola

Quelques idées sur le programme financier définitif

11. April 1938
Prof. Dr. William E. Rappard
Genf

La lutte pour la libération du commerce international depuis la guerre

13. Juni 1938
Prof. Dr. Alberto Asquini
Früherer italienischer Handelsminister, Rom

Die wirtschaftliche Auswertung Italienisch-Ostafrikas

24. Oktober 1938
Prof. Dr. W. Hug
Rektor der Handels-Hochschule, St. Gallen

Staatliche Preiskontrolle und Preisstützung in der Schweiz

7. November 1938
Dr. André Siegfried
Professor am College de France, Paris

La crise économique de l'Europe et la concurrence des autres continents

28. November 1938
Dr. h. c. Gustav Bohny
Mitglied des Arbeitsbeschaffungsrates, Basel

Arbeitsrappen und Altstadtsanierung

19. Dezember 1938
Dr. J. W. Beyen
Präsident der Bank für Internationalen Zahlungsausgleich, Basel

Die Zukunft des internationalen Kreditgeschäftes

30. Januar 1939
Dr. Karl Huber
Sekretär des Sanitätsdepartementes des Kantons Basel-Stadt, Basel

Probleme der Sozialversicherung

23. Februar 1939
Prof. Dr. E. Böhler
Leiter der Konjunkturforschungsstelle an der ETH, Zürich

Die Konjunkturlage der Weltwirtschaft

24. April 1939
Dr. O. Wagner
Generalsekretär der Schweizerischen Landesausstellung, Zürich

Die Schweizerische Landesausstellung 1939

20. November 1939
Dr. Per Jacobsson
Economic Advisor der Bank für Internationalen Zahlungsausgleich, Basel

Budgetdefizite und Konjunkturpolitik

3. April 1939
Prof. Ir. I. P. de Vooys
Generaldirektor der Algemeene Kunstzijde Unie, Arnhem

Beratung der Regierung durch die Wirtschaft

6. November 1939
Prof. Dr. Eduard His
Basel

Staatsbetrieb oder Privatbetrieb? Über die Motive des Etatismus im schweizerischen Wirtschaftsleben

4. Dezember 1939
Dr. C. Brüschweiler
Direktor des Eidgenössischen Statistischen Amtes, Bern

Anschliessend Koreferat durch Herrn

Prof. Dr. A. Labhardt
Direktor des Frauenspitals, Basel

Schicksalsfragen der schweizerischen Bevölkerung

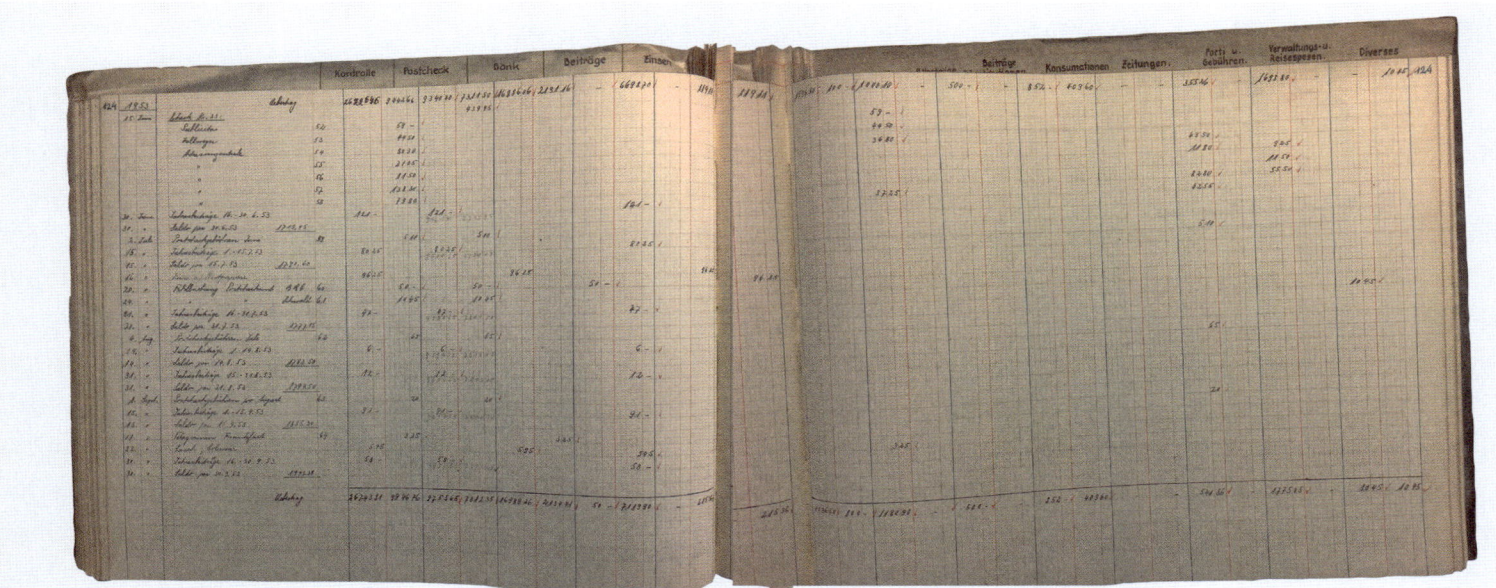

Auszug aus dem historischen Hauptbuch der SVG Basel.

Die vierziger Jahre

Der Zweite Weltkrieg und seine Auswirkungen bildeten zweifellos den bedeutendsten Ereigniszusammenhang der vierziger Jahre. Auch wenn die Beobachtung des Geschehens aus der Distanz der Nichtkriegspartei erfolgte, liess der Blick auf die Konsequenzen für die Schweizer Wirtschaft Besorgnis erkennen: In Frage standen die Robustheit heimischer Unternehmen und Branchen, die Versorgungslage mit Rohstoffen und Nahrungsmitteln sowie die Auswirkungen auf die Exportpolitik und internationalen Finanzgeschäfte. 1941 signalisierte die Beschäftigung mit deutsch-schweizerischen Handelsverträgen ein gewisses Bedürfnis nach einer Normalisierung des Verhältnisses zum Nachbarland. Anfang 1942, vor der Kriegswende in Stalingrad, rechnete sogar der wirtschaftsliberale Professor Wilhelm Röpke – damals als deutscher Regimegegner im Genfer Exil – verfrüht mit einem baldigen Kriegsende und unternahm einen „Ausblick auf die Nachkriegszeit". In den Vorträgen der SVG Basel schlug die Erwartung der deutschen Niederlage ab Anfang 1944 deutlich durch und machte Überlegungen zur Situation nach Kriegsende und zu einer wirtschaftlichen und politischen Normalisierung Platz. Ähnlich einem Abgesang zog wiederum Wilhelm Röpke Anfang 1945 vor der SVG Basel eine Art Schlussbilanz zur deutschen Wirtschafts- und Sozialgeschichte auf lange Sicht. Rasch kamen Fragen des Wiederaufbaus und der Wiederaufnahme internationaler Wirtschafts- und Politikbeziehungen aufs Tapet. Ein wichtiges Thema für das Land wurde sowohl die Frage nach der internationalen Währungspolitik in der Folge von Bretton Woods als auch nach einer Deblockierung schweizerischer Vermögenswerte in den USA durch das Washingtoner Abkommen. 1946 fand auch die Frage der Atomenergie eine erste Behandlung. Die Vorträge der ausgehenden vierziger Jahre atmeten spürbar den Geist der Wiederaufbaujahre, dokumentierten sie doch die starke Zunahme des internationalen Wirtschaftsverkehrs und eines grossen Informationsbedarfes zur politischen und ökonomischen Situation in verschiedenen Ländern. Unter Verweis auf die boomende Wirtschaft sah sich der Jahresbericht 1948/49 gar genötigt, um Nachsicht für die stark akademielastige Auswahl der Referenten zu bitten: „Zudem herrschte in jenen Monaten in unserem Lande noch Hochkonjunktur, mit solcher Arbeitsbelastung der führenden Persönlichkeiten der schweizerischen Wirtschaft, dass ihnen kaum zugemutet werden konnte, sich für Vorträge zur Verfügung zu stellen."

15. Januar 1940
Prof. Dr. Hans Ritschl
Basel

Lohnarbeit und Arbeitslohn

29. Oktober 1940
Prof. Dr. V. F. Wagner
Vorsteher des Schweizerischen Wirtschaftsarchivs, Basel

Die wirtschaftlichen Probleme der Balkanländer

16. Dezember 1940
Nationalrat Dr. H. Gschwind
Regierungsrat, Liestal

Grundsätzliches zur Arbeitsbeschaffung in der Schweiz

29. Januar 1940
Dr. W. Meile
Generaldirektor der Schweizerischen Bundesbahnen, Bern

Die Bundesbahnen in der Kriegszeit

18. November 1940
Nationalrat Dr. C. Eder
Sekretär der Thurgauischen Handelskammer, Weinfelden

Sinn und Notwendigkeit der Altstoffwirtschaft in der Schweiz

27. Januar 1941
Dr. A. Schweizer
Stellvertretender Direktor der Generaldirektion des Schweizerischen Bankvereins, Basel

Die Politik der Handelsbanken heute und morgen

20. Februar 1940
Prof. Dr. E. Böhler
von der Eidgenössischen Technischen Hochschule, Zürich

Die wirtschaftlichen Probleme der Kriegführenden

2. Dezember 1940
Prof. Dr. Th. Brogle
Direktor der Schweizer Mustermesse, Basel

Exportlage und Exportbereitschaft

24. Februar 1941
Dr. F. v. Napolski
geschäftsführendes Präsidialmitglied der Deutschen Handelskammer in der Schweiz, Zürich

Die ersten Handelsverträge zwischen der Schweiz und Deutschland

10. März 1941
Dr. E. Feisst
Direktor der Abteilung für Landwirtschaft beim Eidgenössischen Volkswirtschaftsdepartement, Bern

Die Sicherstellung unserer Nahrungsmittelversorgung in agrarpolitischer und volkswirtschaftlicher Beleuchtung

20. Oktober 1941
Dr. Per Jacobsson
Wirtschaftsberater der Bank für Internationalen Zahlungsausgleich, Basel

Aktuelle Preisprobleme

24. November 1941
Dipl. Ing. A. Härry
Generalsekretär des Schweiz. Wasserwirtschaftsverbandes, Zürich

Aktuelle Probleme der schweizerischen Wasser- und Energiewirtschaft

15. Dezember 1941
Direktor Emil Lavater
der Firma Gebr. Sulzer AG, Winterthur

Blick in das Arbeitsgebiet einer Maschinenfabrik
(Vortrag und Film)

19. Januar 1942
Prof. Dr. Wilhelm Röpke
Institut Universitaire des Hautes Etudes Internationales, Genf

Ausblick in die Wirtschaft nach dem Krieg

9. Februar 1942
Dr. Friedrich Gygax
Sektionschef der Handelsabteilung des Eidg. Volkswirtschaftsdepartementes, Bern

Fragen des internationalen Clearingverkehrs

3. März 1942
Dr. Camille Higy
Chef der Sektion für Kriegsgewinnsteuer der Eidg. Steuerverwaltung, Bern

Probleme der Kriegsgewinnsteuer

30. März 1942
Gottfried Moser
Direktor des Basler Bürgerspitals, Basel

Neubau des Basler Bürgerspitals
(mit Lichtbildern)

2. November 1942
Direktor O. Zipfel
Delegierter des Bundesrates für Arbeitsbeschaffung, Bern

Die Arbeitsbeschaffung unter besonderer Berücksichtigung des Exportes

16. November 1942
Ingenieur René Graf
Präsident des Schweizervereins São Paulo und Vertreter von Schweizer Firmen in Brasilien

Brasilien aus Schweizer Perspektive

30. November 1942
Dr. Arthur Schweizer
Direktor bei der Generaldirektion des Schweizerischen Bankvereins, Basel

Die Exportfinanzierung und ihre Förderung

14. Dezember 1942
Dr. Nicolas Jaquet
Direktor der Schweizerischen Reederei AG, Basel

Die Schweizerflagge zur See im Krieg und im Frieden

Bei der THEMENGESTALTUNG UND REFERENTENAUSWAHL ist man im Verlauf der Jahre recht unterschiedlich verfahren. Je nach Engagement und Interesse lag die Federführung eher beim Präsidenten oder bei einem Programmleiter. Dr. Arthur Schweizer etwa prägte zunächst als Programmleiter, dann als Programmleiter und Präsident, schliesslich nochmals als Programmleiter das Vortragsportfolio über einen langen Zeitraum. Allerdings war es mindestens seit den zwanziger Jahren üblich, sowohl den Vorstand als auch weitere interessierte Mitglieder in die Themen- und Referentenauswahl mit einem expliziten Vorschlagsrecht einzubinden. Diese Praxis, mangels hinreichender Rückmeldungen meist eher mühsam und wenig fruchtbar, wurde daher in den letzten 25 Jahren zugunsten einer starken Konzentration auf den Präsidenten, dessen Netzwerke und individuelle Schwerpunktsetzungen, praktisch aufgegeben.

Für die Referenten galten wechselnde Maximen: Legte man lange Zeit Wert darauf, keine Vortragenden aus der engeren Region oder gar SVG-Vorstandsmitglieder einzuladen, sind in Zeiten der Globalisierung immer öfter auch CEOs von in Basel ansässigen Firmen zu Gast – kein Wunder, handelt es sich dabei meist um Manager mit internationalem Hintergrund. Unterschiede gab es auch in der Beziehung zur Professorenschaft der Basler Universität. So gehörte es etwa in den fünfziger Jahren zum guten Ton, dass in jeder Vortragssaison mindestens ein Vertreter der hiesigen Fakultäten zu Wort kam. Eine nicht ohne Kritik gebliebene Gepflogenheit, die sich im Laufe der Jahre wieder verlor. Obwohl die Vorträge überwiegend in den Räumen der Universität stattfanden, datierte mit Silvio Borner der letzte

Vas Narasimhan, CEO von Novartis, und Gottlieb Keller

Auftritt eines Basler Universitätsangehörigen aus dem Jahr 1991 – sieht man von Roberto Simanowskis Auftritt 2018 ab, der seine Basler Medienprofessur zu diesem Zeitpunkt allerdings schon seit fünf Jahren wieder hinter sich gelassen hatte. In praktisch jeder Vortragssaison regelmässig zu Gast waren bedeutende Mitglieder des Schweizer und internationalen politischen Systems.

25. Januar 1943
Dr. Max Kunz
Stellvertretender Leiter der Sektion für Chemie des KIAA, Bern

Schweizerische Chemie und schweizerische chemische Industrie in Bereitschaft?

8. Februar 1943
Ingenieur H. Niesz
Sonderbeauftragter des KIAA, Direktor der Motor-Columbus AG für elektrische Unternehmungen, Baden

Wirtschaftliche Fragen der Elektrizitätsversorgung und des Kraftwerkbaues
(mit Lichtbildern)

22. Februar 1943
Dr. J. Henggeler
Rechtsanwalt, Zürich

Die wirtschaftlichen Unternehmungen unter den neuen direkten Bundessteuern

15. März 1943
Prof. Dr. William Rappard
Genève

Sismondi et les problèmes actuels

25. Oktober 1943
J. Moser
Direktor der Escher, Wyss Maschinenfabriken AG, Zürich

Leistungsverbesserung älterer Wasserkraftanlagen

13. Dezember 1943
Prof. Dr. Oskar Howald
Direktor des Schweizerischen Bauernverbandes, Brugg

Sozialpolitik in der schweizerischen Landwirtschaft

17. Januar 1944
Nationalrat Dr. h. c. Armin Meili
Zürich

Landesplanung und freie Wirtschaft

21. Februar 1944
Dr. Franz Seiler
Direktor der Schweiz. Hotel-Treuhand-Gesellschaft, Zürich

Die wirtschaftliche Bedeutung der Hilfsmassnahmen des Bundes zugunsten der Hotel-Industrie

6. März 1944
C. J. Steiger
Direktor der Uebersee-Handels A.-G., Zürich

Die Vorbereitung des schweizerischen Exports auf die Nachkriegszeit

17. April 1944
Prof. Dr. Carl. J. Burckhardt
vom Internationalen Komitee vom Roten Kreuz, Genf

Neutralität der Rotkreuzarbeit

16. Oktober 1944
Professor Dr. A. Fleisch
Lausanne, Präsident der eidg. Ernährungskommission

Von der Kriegs- zur Friedensernährung

20. November 1944
Dr. Arnold Saxer
Direktor des Bundesamtes für Sozialversicherung, Bern

Das Problem des Familienschutzes

18. Dezember 1944
Professor Dr. F. Marbach
Präsident der eidg.
Lohnbegutachtungskommission, Bern

Die Lohnbetreuung während des Krieges und einige Gedanken über nachkriegliche Lohnpolitik

22. Januar 1945
Ernst Speiser
Direktor der Brown, Boveri und Cie. AG, Baden, und Direktor des Eidg. Kriegs-, Industrie- und Arbeitsamtes, Bern

Hoffnungen und Sorgen der Exportindustrie für die Nachkriegszeit

12. Februar 1945
Professor Dr. Wilhelm Röpke
Genf

National-ökonomische Betrachtungen über den Verlauf der Wirtschafts- und Sozialgeschichte Deutschlands

26. Februar 1945
Frl. Dr. Louise Sommer
Privatdozentin an der Universität Genf

Regionalismus oder Universalismus in der Handelspolitik der Nachkriegszeit

5. März 1945
Frederic Jenny
Redaktor der Schweiz. Handelszeitung, Zürich

Situation et perspectives financières de la France

15. März 1945
Professor Ed. Amstutz
Delegierter für zivile Luftfahrt, Zürich

Die Aussichten des Luftverkehrs und seine Bedeutung für die Schweiz

19. November 1945
Dr. Paul Gloor
Delegierter der Bell AG, Basel

Gedanken zum Abbau der Kriegswirtschaft

28. November 1945
Alphonse Haettenschwiller
Bisher Handelsattaché bei der Schweizerischen Gesandtschaft in Washington

Wirtschaftliche und soziale Probleme in den USA

11. Dezember 1945
Referent: Dr. André Siegfried
Professor am Collège de France,
Mitglied der Académie française, Paris

Souvenirs et impressions de San Francisco
(gemeinsame Veranstaltung mit der Société d'Etudes Françaises, Basel)

21. Januar 1946
Lord J. Forrester
St. Albans (Herts), Präsident der Association for Planning and Regional Reconstruction

Reconstruction in England

28. Januar 1946
A. Schmid-Respinger
Direktor der CIBA Aktiengesellschaft, Basel

Die Schweiz und Polen – Zur Geschichte ihrer Beziehungen

18. Februar 1946
Geoffrey Crowther
Herausgeber und Chefredaktor des Economist, London

Private Enterprise and Planned Economy: Compromise or Synthesis

18. März 1946
Prof. Dr. Th. Brogle
Direktor der Schweizer Mustermesse, Basel

Probleme der Schweizer Mustermesse

---

8. April 1946
Georges de Leener
Professor an der Universität Bruxelles

Le réajustement de la situation économique et financière en Belgique dans l'après-guerre

---

30. April 1946
Henry Laufenburger
Professeur de Finances, Faculté de Droit, Paris

La France devant les réparations allemandes

---

4. November 1946
Prof. Dr. V. F. Wagner
von der Universität Basel, Vorsteher des Schweizerischen Wirtschaftsarchivs

Die Schweiz und Bretton Woods

---

11. November 1946
Minister Dr. W. Stucki

Vom Currie-Abkommen zum Vertrag von Washington

---

25. November 1946
Prof. Dr. Paul Scherrer
vom Physikalischen Institut der ETH, Zürich

Das Problem der Atomenergie

---

12. Dezember 1946
Dr. A. Grabowsky
Basel

Die Rohstoffwirtschaft nach dem Kriege

---

20. Januar 1947
Dr. Walter B. Bing
Paris, Journalist und Korrespondent der Basler Nachrichten

Französische Wiederaufbauprobleme

---

10. Februar 1947
Prof. Dr. Eugen Böhler
Zürich

Die Tendenzen der Preis- und Lohnentwicklung

---

10. April 1947
Dr. Frederick Haussmann
Professor am Economics Upsula College, New Jersey

Kartellfragen

---

19. Mai 1947
General Michel Mitzakis
Directeur de l'Office des Changes, Baden-Baden

La renaissance des échanges extérieurs germano-suisses

---

18. Juni 1947
Prof. Dr. Walter Eucken
von der Universität Freiburg im Breisgau

Währungspolitik und Wirtschaftsordnung

Schon immer verfolgte die SVG Basel das Ziel, ihrem Vortragspublikum möglichst hochrangige und expertisestarke Redner zu präsentieren. Darüber ist mit den Jahren eine beeindruckende Liste von SCHLÜSSELPERSÖNLICHKEITEN aus dem nationalen und internationalen Wirtschaftsleben, der Politik und der Wissenschaft zusammengekommen. Besondere Aufmerksamkeit genossen stets wirtschaftsliberale Positionen, die über die Jahrzehnte hinweg durch eine ganze Reihe bedeutender Theoretiker und Praktiker in Basel zu Wort kamen. Darunter fanden sich diskursstiftende Volkswirtschaftler wie der bekannte Geld- und Konjunkturtheoretiker der sog. „Österreichischen Schule", Ludwig von Mises (1937), Walter Eucken, Gründer der Freiburger Schule (1947) oder Alexander Rüstow, einer der Gründerväter der sozialen Marktwirtschaft und Erfinder des Begriffes „Neoliberalismus" (1959). Aus der politischen Etablierungspraxis der jungen sozialen Marktwirtschaft im Nachkriegsdeutschland berichtete 1950 und noch einmal 1954 der deutsche Wirtschaftsminister Ludwig Erhard. Ebenfalls zweimal zu Gast, nämlich 1951 und 1984, war Friedrich August von Hayek, Nationalökonom und neben James Tobin einziger jemals bei der SVG Basel aufgetretener Nobelpreisträger, auch er ein bedeutender Vertreter der Freiburger Schule. Regelmässig, nämlich sogar fünf Mal zwischen 1942 und 1956, ans Rednerpult trat Wilhelm Röpke, der als Regimekritiker der Nazis 1933 seine Marburger Professur verloren hatte, daher ab 1937 in Genf Nationalökonomie lehrte und wie Hayek, Eucken und Mises als Gründungsmitglied zur Mont Pélerin Society gehörte, einer Art freischwebender Thinktank neoliberaler Wissenschaftler. In jüngerer Zeit setzt sich diese Reihe fort mit Vorträgen von Lars Feld, Leiter des Walter-Eucken-Instituts Freiburg und „Wirtschaftsweiser" der deutschen Bundesregierung oder von ifo-Präsident Hans-Werner Sinn (2017).

6. Oktober 1947
Legationsrat Dr. Max Troendle

Die Mitwirkung der Schweiz im Komitee für europäische wirtschaftliche Zusammenarbeit in Paris

3. November 1947
A. A. van Sandick
Mitglied des Vorstandes der Nederlandschen Handel-Maatschappij N.V., Amsterdam

Die finanziellen Aussichten der Niederlande

24. November 1947
Minister Dr. Victor Nef

Kanada in politischer und wirtschaftlicher Hinsicht

19. Januar 1948
Prof. Dr. Paul Keller
Präsident des Direktoriums der Schweizerischen Nationalbank

Fragen des internationalen Zahlungsverkehrs

26. Januar 1948
Dr. Alexandre E. Shaw
Président du Comité Argentin de la Chambre Internationale du Commerce, Président de la Confédération Argentine du Commerce, de l'Industrie et de la Production, Teilhaber des Bankhauses Shaw & Co., Buenos Aires

L'évolution économique de la République Argentine depuis la guerre jusqu'à nos jours

13. Februar 1948
Prof. Dr. Wilhelm Gerloff
von der J.W. Goethe-Universität in Frankfurt a.M.

Das Geld einst und jetzt
(gemeinsam mit der Geographisch-Ethnologischen Gesellschaft)

8. März 1948
Prof. François Perroux
Professeur a la Faculté de droit à Paris

La théorie de l'économie dominante et la responsabilité des Etats-Unis dans le monde moderne

6. April 1948
Dr. Henri Faucherre
Leiter des Genossenschaftlichen Seminars, Freidorf

Der genossenschaftliche Sektor in unserer Wirtschaft

10. Mai 1948
Dr. J. W. Beyen
Executive Director of the International Bank for Reconstruction and Development

International Bank for Reconstruction and Development

11. Juni 1948
The Right Honourable Richard Austin Butler P. C. M. P.

The English Social Experiment
(gemeinsam mit der Schweizerisch-Britischen Gesellschaft, Sektion Basel)

11. Oktober 1948
Dr. Per Jacobsson
Wirtschaftsberater der Bank für Internationalen Zahlungsausgleich, Basel

Europäische Wirtschaftsprobleme

4. November 1948
Dr. Herbert von Beckerath
Professor an der Duke University, Durharn (North Carolina)

Die gegenwärtige Lage der amerikanischen Wirtschaft

6. Dezember 1948
Dr. Alfred Ernst
Oberstlt i Gst

Der Einfluss des Krieges auf die Wirtschaft

24. Januar 1949
Ernst Speiser
Direktor der AG Brown, Boveri & Cie., Baden

Die Schweiz und der Marshall-Plan

28. Februar 1949
Prof. Dr. Edgar Salin
Basel

Währungsexperimente und Währungsreformen 1945–1948

21. März 1949
Prof. John Jewkes
Professor an der Universität Oxford

The Place of the State in Economic Life
(gemeinsam mit der Schweizerisch-Britischen Gesellschaft, Sektion Basel)

8. April 1949
Minister C.J. M. Schaepman
Scheveningen, niederländisches Mitglied der Rhein-Zentralkommission

Das Rheinregime

25. April 1949
Prof. Dr. F. A. Lutz
Professor an der University of Princeton (USA)

Dollarknappheit und inkonvertible Währungen

10. Oktober 1949
Prof. Dr. phil. Theo Keller
Rektor der Handels-Hochschule St. Gallen

Die Wirkungen des AHV-Fonds auf Kapitalmarkt und Konjunktur

31. Oktober 1949
Dr. L.V. Furlan

Sinn und Deutung statistischer Gesetze

21. November 1949
Dr. E. Durtschi
Präsident der Verwaltungskommission der VOLG

Dr. E. Geyer
Sekretär des Vorortes des Schweiz. Handels- und Industrievereins

Für und wider das Projekt eines schweizerischen Landwirtschaftsgesetzes

2. Dezember 1949
Prof. Dr. phil. Wilhelm Röpke
(Genf)

Wesen und Folgen des nationalen Kollektivismus

12. Dezember 1949
Prof. Dr. C. Ludwig

Die Hilfe der Schweiz an das kriegsgeschädigte Ausland

Die fünfziger Jahre

Auch wenn ein Beitrag zu „kriegswirtschaftlichen Vorbereitungen" aus dem Jahr 1950 noch zeigte, dass man dem Frieden vielleicht nicht ganz traute, spiegelten die Vorträge der fünfziger Jahre gleichwohl den anhaltenden Aufschwung der internationalen und sich stark modernisierenden Nachkriegswirtschaft, sei es in nächster europäischer Nachbarschaft oder in Übersee. Gleich mehrfach ging der Blick in die USA auf dort zum Einsatz kommende neue Managementmethoden sowie das nunmehr systematisch untersuchte und angewandte Feld des „Marketing". Auffällig in der Saison 55/56 war das – auch später wichtig bleibende – Thema der Entwicklungsländer, was der entsprechende Jahresbericht explizit hervorhebt: „Nicht weniger als drei Vorträge waren dem Problem der Förderung unterentwickelter Länder gewidmet, einem Problem, an dem die Schweiz wirtschaftlich und politisch in hohem Masse interessiert ist. Mit der Frage der Beteiligung unseres Landes an diesen für die Zukunft mitentscheidenden Bestrebungen hat sich auch der Bundesrat und das eidgenössische Parlament und somit auch die schweizerische Oeffentlichkeit zu befassen." Gleich vierfach aufgerufen bis 1960 wurde das hochgradig ambivalent bewertete Thema der Atomkraft. Für die Saison 1958/59 hatte man sogar den zu grossem internationalem Ruhm gelangten Philosophen Karl Jaspers, der zu dieser Zeit an der Uni Basel Philosophie, Psychologie und Soziologie lehrte, um einen Beitrag zu den „Problemen des Menschen im Atomzeitalter" angefragt. Der Vortrag kam nicht zustande: Jaspers sagte aus Zeit- und Altersgründen ab. Kaum weniger bedeutend markierten die fünfziger Jahre aber auch den Aufstieg der immer wichtiger werdenden Frage der europäischen Integration und – damit zusammenhängend – des Platzes der Schweiz im europäischen Kontext.

23. Januar 1950
Dr. W. Berchtold
Kreisdirektor III der SBB

Aktuelle Eisenbahnprobleme

25. September 1950
Dr. D. Crena de Iongh
Treasurer der International Bank for Reconstruction and Development

Die Aufgaben und Tätigkeit der International Bank for Reconstruction and Development

4. Dezember 1950
Minister Dr. Jean Hotz
Direktor der Handelsabteilung des Eidgenössischen Volkswirtschaftsdepartementes, Bern

Aktuelle Probleme der schweizerischen Handelspolitik

30. Januar 1950
Prof. Dr. L. Erhard
Bundesminister für die Wirtschaft (Bonn)

Liberalisierung und Dekartellisierung der Wirtschaft

23. Oktober 1950
Direktor O. Zipfel
Delegierter für wirtschaftliche Landesverteidigung, Bern

Kriegswirtschaftliche Vorbereitungen

26. Februar 1951
Dr. Ernst Geyer
Sekretär des Vororts des Schweizerischen Handels- und Industrievereins, Zürich

Staat und Industrie

20. Februar 1950
Prof. Dr. Paul René Rosset
Nationalrat in Neuenburg

L'équilibre économique de la Suisse

20. November 1950
Dr. h.c. Arnold Muggli
Küsnacht

Privatbetrieb und Staatsverwaltung, grundsätzlich verglichen

12. März 1951
Prof. Dr. F. A. Hayek
Professor an der Universität Chicago, USA

Die neue Inflationsideologie und ihre Folgen

19. März 1951
Prof. Dr. Hans Nef
Professor der Rechte an der Universität Zürich

**Staat und Wirtschaft im
schweizerischen Bundesstaat**

15. Oktober 1951
Monsieur Paul Reynaud
*Président de la Commission des Affaires
Economiques du Conseil de l'Europe, Paris*

Perspectives européennes
*(gemeinsame Veranstaltung mit der Chambre de
Commerce Française pour la Suisse, Basel, und
der Société d'Etudes Françaises de Bâle)*

29. Oktober 1951
Prof. Dr. Th. Brogle
Direktor der Schweizer Mustermesse, Basel

**Der christliche Gedanke
in der Wirtschaft**

19. November 1951
Direktor Peter Kaufmann
Chef des Zentraleinkaufs der Magazine zum Globus, Zürich, Präsident der Gesellschaft für Marktforschung

**Absatzforschung und
Absatzgestaltung in den USA**

13. Dezember 1951
Prof. Dr. Eugen Böhler
ETH Zürich, Präsident der Eidgenössischen Preiskontrollkommission sowie Mitglied der Eidgenössischen Kommission für Konjunkturbeobachtung und der beratenden Kommission für Lohnfragen

Die Bekämpfung der Inflation

21. Januar 1952
Alphonse Haettenschwiller
Zürich

**Das neue Denken in der
amerikanischen Wirtschaft**

4. Februar 1952
**Ständerat Dr. h.c.
Ernst Speiser**
*Direktor der Aktiengesellschaft Brown,
Boveri & Co., Baden*

**Staat und Wirtschaft,
Parteien und Verbände**

25. Februar 1952
André Siegfried
*Paris, Mitglied der Académie française, Professor
am Collège de France und an der Ecole libre des
Sciences politiques*

L'Inde et l'Occident
*(gemeinsame Veranstaltung mit der Société
d'Etudes Françaises)*

10. März 1952
Prof. Dr. W. A. Jöhr
von der Handels-Hochschule St. Gallen

Probleme des Kapitalexportes

24. März 1952
Prof. Dr. G. M. Verrijn Stuart
*Generaldirektor der Amsterdamschen Bank N.V.,
Amsterdam*

**Die wirtschaftliche Entwicklung der
Niederlande in der Nachkriegszeit**
*(zu welchem Vortrag auch die Mitglieder der
Gesellschaft Schweiz-Holland eingeladen wurden)*

9. Juni 1952
Ralph Whitlock Salisbury

**Reorientation of
British Agricultural Policy**
*(zu welchem Vortrag unsere Mitglieder eingeladen
wurden von der Schweizerisch-Britischen Gesellschaft, Sektion Basel)*

20. Oktober 1952
Dr. A. Schaller
Regierungspräsident und Nationalrat, Basel

**Aktuelle Aufgaben
der Rheinzentralkommission**

27. Oktober 1952
Prof. Dr. Robert S. Hartman
Columbus, USA

Zusammenarbeit von Arbeitgebern und Arbeitnehmern im modernen amerikanischen Betrieb

10. November 1952
François Kuntschen
Direktor des Eidg. Amtes für Wasserwirtschaft, Bern

Die Ausbaumöglichkeiten der schweizerischen Wasserkräfte; heutiger Stand der Ausnützung und Zukunftsmöglichkeiten
(mit Lichtbildern)

1. Dezember 1952
Prof. Dr. Valentin F. Wagner
von der Universität Basel, Vorsteher des Schweizerischen Wirtschaftsarchivs, Basel

Die neueste Entwicklung der Geld- und Kreditpolitiken

19. Januar 1953
Nationalrat Dr. C. Eder

Die Bundesfinanzreform

9. Februar 1953
Dr. Wilhelm Gasser

Europäische Integration am Beispiel der Agrarwirtschaft

16. März 1953
Prof. Douglas Copland
Canberra

Australiens Wirtschaft und seine Wirtschaftsprobleme

19. Mai 1953
Mr. Geoffrey Crowther
Herausgeber und Chefredaktor des Economist, London

The Economic Outlook
(gemeinsame Veranstaltung mit der Schweizerisch-Britischen Gesellschaft, Sektion Basel)

12. Oktober 1953
Dr. H. J. Abs

Die Wiederherstellung des internationalen Kredits

26. Oktober 1953
Prof. Dr. A. Bühler

Primitive Stoffmusterung

16. November 1953
Minister Dr. A. Zehnder

Aussenpolitik und Aussenhandel

15. Dezember 1953
Per Jacobsson
Basler Zentrum für Wirtschafts- und Finanzanalyse, Basel

Die Rückkehr zur Konvertibilität der Währungen

18. Januar 1954
Obering. J. Lalive d'Epinay

Die Schweiz und die Probleme der Energie-Erzeugung durch Kern-Reaktion

1. Februar 1954
Prof. Dr. Edgar Salin

Die Vereinigten Staaten
von Amerika und Europa

18. Oktober 1954
Wilfrid Baumgartner

Impressions de Washington

17. Januar 1955
Louis Camu

Position et perspectives
de l'économie belge

22. Februar 1954
Dr. Hugo Gschwind

Aktuelle Verkehrsprobleme der SBB

8. November 1954
Peter Dürrenmatt

Der Kleinstaat und
das Problem der Macht

14. März 1955
P. Renggli
Präsident u. Direktor der Allg. Schweiz. Uhrenindustrie

Organisatorische Besonderheiten der
schweizerischen Uhrenindustrie

1. März 1954
Rodolfo Olgiati

Das Rote Kreuz in Krieg und Frieden

29. November 1954
**Bundesminister
Prof. Dr. Ludwig Erhard**

Konvertierbarkeit und
internationale Zusammenarbeit

4. April 1955
Oberstdiv. P. Wacker

Als neutraler Delegationschef in Korea

16. März 1954
Oberzolldir. E. Widmer

Die Revision des Zolltarifs

13. Dezember 1954
Ständerat Dr. h.c. Gustav Wenk

Das Problem des Baus
schweizerischer Autobahnen

28. März 1955
Prof. Thorkil Kristensen

Dänemarks Stellung in der
europäischen Wirtschaft

7. November 1955 **Dir. Dr. h.c. Otto Zipfel** Konjunkturpolitik – Theorie und Praxis	5. März 1956 **Prof. Dr. h.c. F. Behrendt** Wirtschaftliche Entwicklung im heutigen Latein-Amerika	17. Dezember 1956 **Prof. Dr. Wilhelm Röpke** Inflation als Weltproblem
21. November 1955 **Raymond Scheyven** L'aide aux pays sous-développés	19. März 1956 **Louis Armand** Les techniques nouvelles et l'économie européenne	10. September 1957 **Paul-Henri Spaak** L'Europe d'aujourd'hui et ses problemes economiques
12. Dezember 1955 **Prof. Dr. Wilhelm Röpke** Wirtschaft und Moral	12. November 1956 **Prof. Dr. R. Kamitz** *Bundesminister für Finanzen (Oesterreich)* Antiinflatorische Massnahmen der Wirtschaftspolitik	23. September 1957 **Prof. Dr. E. Böhler** Der Kapitalmarkt im Rahmen der Konjunkturpolitik
13. Februar 1956 **Minister Gerard Bauer** Intégration et coopération européennes	26. November 1956 **Dr. W. Berchtold** Die Entwicklung des Luftverkehrs und die Flugmaterialpolitik der Swissair	7. Oktober 1957 **Salvador de Madariaga** Politik und Wirtschaft

DIE „SWISSAIR", traditionell ein nationales Vorzeigeunternehmen von kaum überschätzbarem Symbolgehalt, geriet in den neunziger Jahren in Turbulenzen. Paul Reutlingers SVG-Vortrag vom Oktober 1995 hatte schon die schwieriger werdende Konkurrenzsituation in der Luftfahrt zum Inhalt. Sein Nachfolger, der Amerikaner Jeffrey Katz, war im November 1997 zu einer Art Antrittsbesuch in Basel zu Gast, wo er seinen Zuhörern noch „a strong Swissair for global competition" versprach. Anfang der zweitausender Jahre – Katz hatte sich im Sommer 2000 bereits wieder verabschiedet und seinen Posten an Philippe Bruggisser weitergegeben – zeichnete sich allerdings ab, dass es ausserordentlich schlecht um die Fluglinie stand und der Wachstumskurs zu einem global player, den McKinsey dem Unternehmen (als „Hunter-Strategie") verordnet hatte, gescheitert war. Eine Woche, nachdem VR-Präsident Eric Honegger seinen CEO Bruggisser entlassen hatte, weil die Swissair täglich Millionenverluste einflog, hielt Honegger am 29. Januar 2001 vor der SVG Basel einen mit grosser Spannung erwarteten Vortrag mit dem Titel „Die SAirGroup – ein strategischer Ausblick". Honegger liess sich allerdings nicht in die Karten blicken und seine Zuhörer lediglich wissen, dass „ein Verkauf der Swissair nicht zur Diskussion stehe". Diese Position liess sich freilich nicht halten: Nach dem Swissair-Grounding vom 2. Oktober des gleichen Jahres ging das Unternehmen in Insolvenz und wurde auf der Basis des ehemaligen Basler Regionalflugunternehmens Crossair zur SWISS umfirmiert. Mangels Rentabilität wechselte die SWISS 2007 in den Besitz der deutschen Lufthansa. In dieser neuen Konstellation konnte die SVG Basel 2012 den CEO der SWISS und späteren Lufthansa-Konzernvorstand Harry Hohmeister in Basel zu einem Bericht über die enormen „Herausforderungen für den Luftverkehr 2012" begrüssen.

18. November 1957
**Prof. Heim
Prof. Niederer**

Erdöl in der Schweiz

20. Januar 1958
**Dr. h.c. O. Zipfel
Dr. J. Burckhardt**

Die Bedeutung der Atomenergie
für unsere Wirtschaft

17. Februar 1958
Prof. Dr. Max Silberschmidt

Amerikas Entwicklung
zur industriellen Grossmacht

17. März 1958
Prof. Dr. M. Holzer

Probleme der schweizerischen
Arbeitsmarktpolitik

22. September 1958
Roger Auboin

Vingt ans de coopération internationale
dans le domaine monétaire 1938–1958

24. November 1958
Dr. W. Schwegler

Konjunkturprobleme
im Blickfeld der Notenbank

15. Dezember 1958
Dr. H. Gschwind

Die Lage der SBB

26. Januar 1959
Prof. Dr. O. Angehrn

Unternehmungspraxis
und Betriebswirtschaftslehre

9. Februar 1959
Prof. Dr. G.U. Papi

Politique d'un procès d'integration

23. Februar 1959
Paul Reynaud

La France nouvelle et ses problèmes

16. März 1959
Prof. Dr. Alexander Rüstow

Welche Staatsform ist für
Entwicklungsländer geeignet?

30. November 1959
Dr. Jaquet / Nationalrat Schaller

Die schweizerische Rheinschiffahrt
im Spannungsfeld der europäischen
Integration

14. Dezember 1959
Prof. Dr. Adolf Portmann

Unser Sozialleben in biologischer Sicht

Die sechziger Jahre

Wenngleich man die Themenagenda der sechziger Jahre als breit aufgestellt bezeichnen kann, war die Dominanz von Wirtschaftsfragen unübersehbar, vor allem in der Verbindung von wirtschaftlichem Handeln und politischen Rahmenbedingungen. Gesamtstaatliche Perspektiven kamen ebenso zur Sprache wie die Situation einzelner Branchen oder kleinerer Wirtschaftsräume, transnationaler Institutionen oder allgemeinere Fragen der Volks- und Betriebswirtschaft. Besonderes Gewicht genossen Banken- und Währungsfragen. Manches war hochaktuell, so etwa ein Vortrag zur Kongokrise, anderes lebte von der Erinnerung, wie etwa an Weltkriegserfahrungen in Frankreich. Als neue Thematik tauchte der Zusammenhang von Bildungs- und Forschungspolitik mit dem wirtschaftlichen Erfolg ganzer Nationen auf. Mancher prominente Referent stach heraus, so etwa der französische Ökonom Jean Fourastié, Mitbegründer der „Drei-Sektoren-Hypothese", mit einem Grundlagenvortrag zum Zusammenhang von technischen Revolutionen und menschlicher Gesellschaft. Ein weiteres Highlight bildete der Vortrag des grossen, linksliberalen amerikanischen Keynesianers John Kenneth Galbraith über den Industriestaat. Schillernd war der Auftritt des britischen Soziologen C. Northcote Parkinson, der mit der Vorstellung seiner „drei Gesetze" eine nicht ironiefreie Mischung aus Organisationsforschung und Bürokratiekritik präsentierte, die auf die zahlreichen Absurditäten in Unternehmens- und Verwaltungsprozessen fokussierte und bis heute wesentliche Impulse für die an Bedeutung gewinnende Unternehmensberatung abgibt. Die weltweiten Protestbewegungen von 1968 fanden hingegen praktisch keine thematische Beachtung. Eine spezielle Ausnahme bildete der Vortrag von Ota Šik im Februar 1969. Šik war unter Dubček stellvertretender Ministerpräsident und wesentlicher Architekt von dessen marktwirtschaftlich orientiertem Reformkurs gewesen. Nach der Zerschlagung des „Prager Frühlings" im August 68 wurde er abgesetzt. Šik emigrierte in die Schweiz, wo er 1970 Professor an der HSG und später auch eingebürgert wurde. Es war wohl der Brisanz der gerade erst kurz zurückliegenden politischen Ereignisse geschuldet, dass Šiks Basler Vortrag, der sich genau mit seinem neuen ökonomischen Hybridmodell aus Plan- und Marktwirtschaft befasste, unter Ausschluss der Öffentlichkeit nur den Mitgliedern der SVG Basel zugänglich war.

11. Januar 1960
Prof. Dr. G. Bombach

Wirtschaftstheorie
und Wirtschaftspraxis

25. Januar 1960
Prof. Dr. P. Huber

Kernphysikalische Grundlagen
der Atomenergie

9. Februar 1960
Dr. h.c. A. Winiger

Die Bedeutung der Atomenergie
für die Energiewirtschaft der Zukunft

29. Februar 1960
Minister Dr. h.c. Walter Stucki

Erlebter Krieg in Frankreich

14. November 1960
Dr. Fritz Hummler

Industriepolitik in der Hochkonjunktur

28. November 1960
Prof. Dr. R. Schuppli

Aerzte und Krankenkassen

12. Dezember 1960
Minister Henry de Torrenté

De divers aspects de l'activité
de mes missions diplomatiques

23. Januar 1961
Prof. Dr. R.L. Bindschedler

Die europäische Integration –
rechtliche und politische Gesichtspunkte

27. Februar 1961
Ständerat Dr. h.c. E. Speiser

Wofür heute ein eidg. Parlamentarier
kompetent sein sollte

13. März 1961
Prof. Dr. F. A. Lutz

Ist eine Goldpreiserhöhung
zu erwarten?

29. Mai 1961
Prof. Dr. Otto Angehrn

Im Spannungsfeld der Kongokrise

16. Oktober 1961
Minister Gerard Bauer

L'horlogerie suisse
à la croisée des chemins

13. November 1961
Ing. Eduard Gruner

Die zeitgemässe Erschliessung
des Gotthards und deren Bedeutung
für Basel

22. Januar 1962
Dr. Milton Gilbert

Economic and Financial
developments in USA

12. Februar 1962
Hermann J. Abs

Aktuelle Wirtschaftsfragen

25. April 1962
Prof. Thorkil Kristensen

OECD und wirtschaftliche
Zusammenarbeit im Westen

15. Oktober 1962
G. Guindey
Generaldirektor der BIZ

Regard sur les organismes
economiques internationaux

10. Dezember 1962
Dr. J. Egli

Europäische Integration und
schweizerische chemische Industrie

14. Januar 1963
W. Baumgartner

Regards sur l'économie française,
résultats et perspectives

11. Februar 1963
Prof. Dr. R. Kamitz

Stabilität und freies Unternehmertum
als Voraussetzungen einer
erfolgreichen wirtschaftlichen Integration

11. März 1963
A. Blessing

Aktuelle währungspolitische Fragen

25. März 1963
Dr. A. Matter

Der Gesetzesentwurf über die Wiedereinführung des Stockwerkeigentums

6. Mai 1963
Dr. Wilhelm Borner

Die wirtschaftspolitische Lage West-Berlins in der westeuropäischen Wirtschaft

13. Mai 1963
Prof. Dr. E. Salin

Kartellverbot und Konzentration

7. Oktober 1963
Prof. Dr. E. Böhler

Die neue Aera in der Wirtschaft

11. November 1963
Prof. Dr. H. Popitz

Der Zugang zur höheren Schulbildung

9. Dezember 1963
Dr. M. W. Holtrop

Die Erhöhung des Wohlstands und Inflation

20. Januar 1964
Dr. V. Muthesius

Die Problematik der kollektiven Alterssicherung

10. Februar 1964
Prof. Dr. R. F. Behrendt

Die Notwendigkeit einer Neuorientierung der Entwicklungspolitik

16. März 1964
Prof. Dr. W. Gasser

Hoffnungslose Agrarpolitik

22. Mai 1964
Prof. C. Northcote Parkinson

Parkinson's three laws

26. Oktober 1964
Dr. h.c. C. Aeschlimann

Die schweizerische Elektrizitätswirtschaft an einem kritischen Wendepunkt

7. Dezember 1964
M. Ahmed Ben Salah

Le développement économique de la Tunisie

11. Januar 1965
Prof. Dr. Jacques Stehler

Probleme einer
europäischen Verkehrspolitik

25. Januar 1965
Prof. Dr. Max Holzer

Probleme der
ausländischen Arbeitskräfte

8. Februar 1965
Prof. Dr. J. Werner

Wettbewerb als Instrument
der Agrarpolitik

23. Februar 1965
Dr. A. Schaller

Die schweizerische Rheinschiffahrt im
wirtschaftlichen und politischen Druck

29. März 1965
Prof. Dr. Kneschaurek

Wirtschaftswachstum und
öffentliche Finanzwirtschaft

28. September 1965
Prof. Mare Zamansky

Formation universitaire dans les
facultés des sciences en France.
Programmes actuels et
projets de réforme

4. Oktober 1965
Dr. Vinzenz Kotzina

Oesterreich und die Schweiz,
die neutrale Mitte Europas
in wirtschaftlicher Sicht

6. Oktober 1965
Emmanuel Mayolle

La Situation et les perspectives
de l'industrie française –
Action et réactions du
patronat français

29. November 1965
Prof. Dr. Leopold Boissier

L'engagement de la Suisse

13. Dezember 1965
Prof. Dr. W. Hill

Unternehmensführung und
Betriebslehre – Der Beitrag der Theorie
zur Lösung praktischer Probleme

10. Januar 1966
Sir Arthur Vere Harvey

The Position of Britain in the World as
I see it

31. Januar 1966
Prof. Dr. A. von Muralt

Die Bedeutung der wissenschaftlichen
Forschung für die Schweiz in der
Gegenwart und in der Zukunft

4. April 1966
Dr. M. Redli

Die Wende im Finanzhaushalt des Bundes; Ursachen und Folgerungen

28. November 1966
Direktor H. Sommer

Der Aufstieg der Swissair und Basels Perspektiven im Luftverkehr

12. Dezember 1966
Dr. Paul R. Jolles
Direktor der Handelsabteilung des Eidg. Volkswirtschaftsdepartements

Gedanken zur schweizerischen Aussenwirtschaftspolitik

16. Januar 1967
Dr. O. Messmer
Direktor des Statistischen Amtes und der Regionalforschungsstelle der Stadt Bern

Regionalplanung und freiheitliche Gesellschaftsordnung

27. Februar 1967
Dr. Max Iklé
Mitglied des Direktoriums der Schweizerischen Nationalbank

Kapitalverflechtung der Schweiz

13. März 1967
J. Rey
Maire der Stadt Colmar

Die wirtschaftliche Situation im Oberelsass und dessen Zukunftsaussichten im Rahmen der Regio

10. April 1967
Ing. O. Wichser
Präsident der Generaldirektion der Schweizerischen Bundesbahnen

Finanz- und Investitionsplanung der Schweizerischen Bundesbahnen

13. November 1967
Dr. O. Emminger
Mitglied des Direktoriums der Deutschen Bundesbank

Gegenwärtige Tendenzen der internationalen Währungspolitik

28. November 1967
Bundesrat Rudolf Gnägi
Vorsteher des Eidg. Verkehrs- und Energiewirtschaftsdepartements

Aktuelle Verkehrsprobleme

22. Januar 1968
Prof. Dr. A. P. Speiser
Forschungsdirektor der AG Brown. Boveri & Cie

Forschung in der Schweiz

19. Februar 1968
Octave Gelinier
Directeur Général Adjoint der CEGOS Paris

Management ou bureaucratie? Perspectives d'un style de direction dynamique

13. November 1967
Prof. Dr. Hans Würgler
Direktor des Instituts für Wirtschaftsforschung an der ETH

Probleme der schweizerischen Stabilisierungspolitik

29. April 1968
Prof. Dr. K. W. Kapp
Ordinarius für Nationalökonomie, Uni Basel

Offene Fragen im Entwicklungsprozess unterentwickelter Länder

---

28. Oktober 1968
Dr. H. Letsch
Generalsekretär des Eidgenössischen Volkswirtschaftsdepartements

Längerfristige Finanzplanung – wozu?

---

11. November 1968
Dr. Fritz Leutwiler
Mitglied des Direktoriums der Schweizerischen Nationalbank

Zusammenarbeit oder Diktat in der Geldpolitik?

---

9. Dezember 1968
Dr. Guido Carli
Gouverneur der Banca d'Italia

Le procès d'ajustement

---

23. Januar 1969
Dr. Ivo Schwartz
Stellv. Kabinettschef bei der Kommission der EWG, Brüssel

Aktuelle Fragen der EWG-Wettbewerbspolitik

---

3. Februar 1969
Prof. Ota Sik
Ehem. Stellvertr. Ministerpräsident und Wirtschaftsminister der CSSR

Neue Synthese von Marktwirtschaft und Planwirtschaft in der CSSR
(nicht öffentliche Veranstaltung)

---

10. März 1969
Dr. John Kenneth Galbraith
Professor of Economics, Harvard University, früher US-Botschafter in Indien und präsidentschaftlicher Berater

The New Industrial State and its Critics

---

24. März 1969
Otto Mitterer
Bundesminister für Handel, Gewerbe und Industrie der Republik Österreich

Österreichisch-schweizerische Wirtschaftsbeziehungen – Möglichkeiten einer Intensivierung

---

5. Mai 1969
M. Jacques Duhamel
Maire de Dôle, Député du Jura à l'Assemblé Nationale

Où en est l'économie française

---

6. Oktober 1969
H. Maegaard Nielsen
Generaldirektor Den Danske Landmandsbank, Kopenhagen

Die Integration Europas als Problem der kleinen Staaten

---

17. November 1969
Raymond Barre
Vize-Präsident der Kommission der Europäischen Gemeinschaften, Brüssel

Le marche commun à la recherche d'une cohérence économique

---

1. Dezember 1969
Jean Fourastié
Membre de l'Institut de France, Paris

Les révolutions de la technique et la société humaine
(zusammen mit der Société d'Etudes Françaises de Bâle, Basel)

---

8. Dezember 1969
Regierungsrat Dr. Theo Meier
Finanzdirektor des Kantons Basel-Landschaft, Liestal

Neue Methoden der Verwaltung in Staat und Wirtschaft

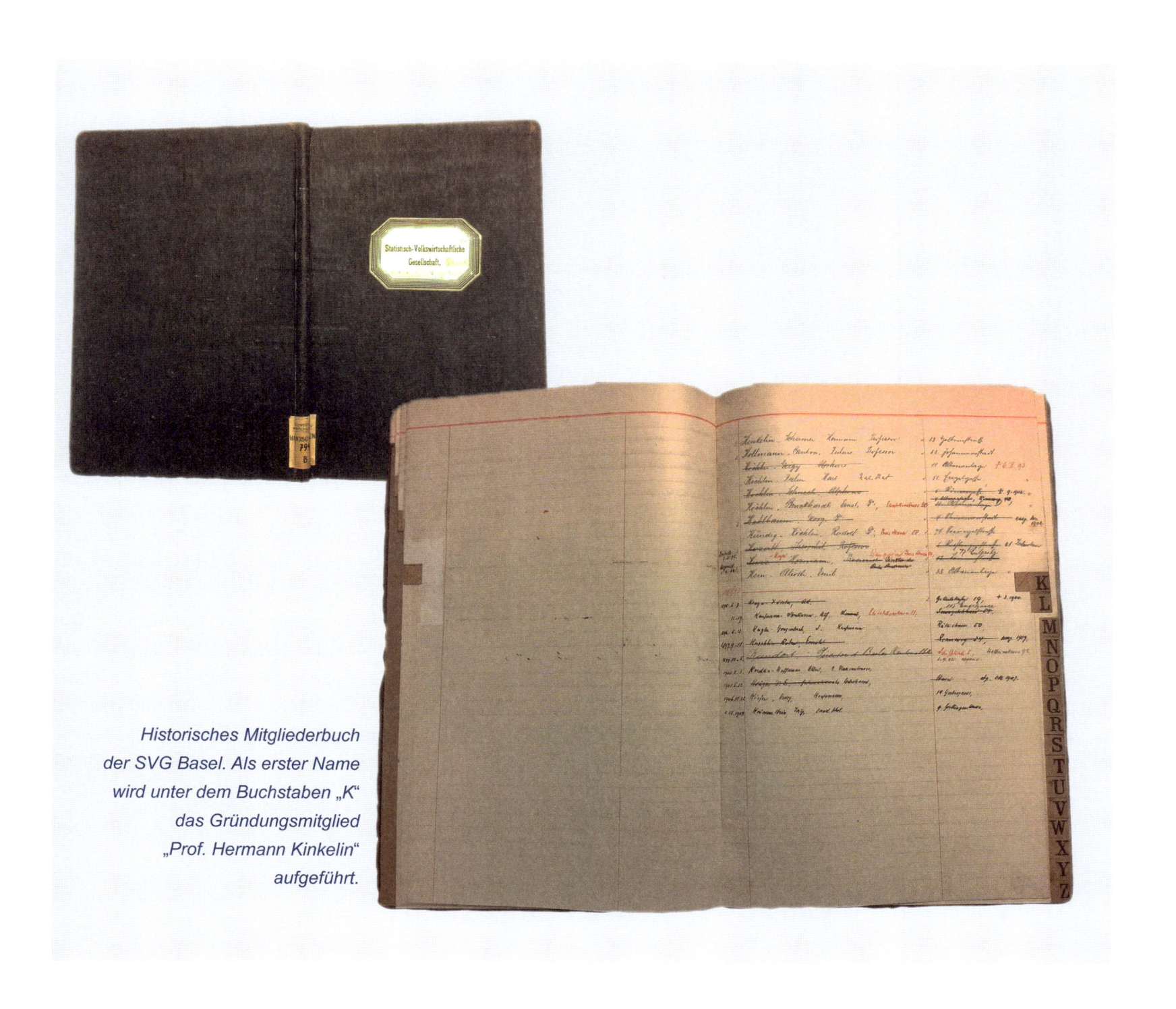

Historisches Mitgliederbuch der SVG Basel. Als erster Name wird unter dem Buchstaben „K" das Gründungsmitglied „Prof. Hermann Kinkelin" aufgeführt.

Die siebziger Jahre

Die siebziger Jahre brachten neue Themen und ein neues Format. Formal wurde unter der Präsidentschaft von Gustav Grisard 1977 als neuer Veranstaltungstyp für einige Jahre das „Panelgespräch" mit mehreren Experten etabliert. Die Themenreichweite war enorm und reichte von der Schweizer Uhrenindustrie bis zu grundlegenden volkswirtschaftlichen Fragen wie dem internationalen Zahlungsausgleich oder der Weltkonjunktur. Bei den klassischen Vorträgen erschien als bleibende inhaltliche Novität nunmehr die Thematik einer gemeinsamen europäischen Währung. Daneben widmete man sich primär wirtschaftlichen Fragen von aktuellen Unternehmerproblemen über komplette Branchenaussichten bis zu Wirtschaftsprognosen für Lateinamerika oder Arabien. Europa gewann sowohl als wirtschaftlicher Grossraum als auch als weltwirtschaftlicher Player an Aufmerksamkeit. Den ersten ihrer erstaunlich wenigen – nämlich insgesamt lediglich drei – Auftritte bekam 1979 die Umweltthematik, die trotz bleibender, wenn nicht gar wachsender, Brisanz nach 1990 wieder komplett von der Agenda verschwand. Kurz blitzte sie noch einmal 2010 in einem Vortrag von Carl Christian von Weizsäcker zur Problematik einer „realistischen Klimapolitik" auf.

2. Februar 1970
Prof. Dr. Hans-Reinhard Meyer
Dozent an der Universität Bern und Herausgeber des Schweizerischen Archivs für Verkehrswissenschaft und Verkehrspolitik, Bern

**Eine Gesamtkonzeption
der schweizerischen Verkehrspolitik**

9. März 1970
Takashi Ihara
Chairman and President The Bank of Yokohama Ltd., Yokohama

Japan's Economic Position in the World

11. Mai 1970
Bundesrat Dr. Nello Celio
Vorsteher des Eidgenössischen Finanz- und Zolldepartementes, Bern

Für eine moderne Schweiz
(Vortragsveranstaltung aus Anlass des 100-jährigen Bestehens der Statistisch-Volkswirtschaftlichen Gesellschaft Basel)

14. September 1970
William McChesney Martin jr.
Ehemaliger Chairman of the Board of Governors des Amerikanischen Federal Reserve System

Koreferenten:
Dr. Karl Blessing
Ehemaliger Präsident der Deutschen Bundesbank, Frankfurt a.M.

Alfredo Machado Gómez
Ehemaliger Präsident der Zentralbank von Venezuela, Caracas

Prof. Dr. Harry G. Johnson
London School of Economics and Political Science and University of Chicago, London

Towards a World Central Bank?
(Veranstaltung im Rahmen der Per Jacobsson Foundation)

26. Oktober 1970
Prof. Dr. René L. Frey
Universität Basel, Basel

Infrastruktur – wirtschaftspolitische Wunderwaffe oder Zauberei?

7. Dezember 1970
S. Aldewereld
Vize-Präsident der Weltbank, Washington, D.C.

**Die Rolle der Weltbank
für die Entwicklungsfinanzierung**

19. Januar 1971
Prof. Dr. Hugo Allemann
*Delegierter des Bundesrates
für Konjunkturfragen, Bern*

Konjunkturpolitik am Wendepunkt?

8. März 1971
Baron Ansiaux
Gouverneur de la Banque Nationale de Belgique, Bruxelles

Le rôle et les devoirs des banques centrales

29. März 1971
Otto Wolff von Amerongen
*Präsident des Deutschen Industrie-
und Handelstages Köln*

**Nationale Konjunkturpolitik –
Harmonisierungsbestrebungen
der EWG**

26. April 1971
Prof. Dr. Paul Trappe
*Vorsteher des Soziologischen Seminars
der Universität Basel, Basel*

Zur Lage der Soziologie

10. Mai 1971
C. W. McMahon
Executive Director der Bank of England, London

Economic Outlook for Great Britain

18. Oktober 1971
Prof. Dr. Dr. h.c. Fritz Neumark
Herausgeber des „Finanzarchiv", Frankfurt a.M.

**Zur Problematik moderner
Fiskalpolitik – Ermessensfreiheit
oder feste Regeln?**

22. November 1971
Prof. Dr. Jan Tinbergen
Den Haag

Planung oder Voraussage der Zukunft?

10. Januar 1972
Dr. Frédéric P. Walthard
Direktor der Schweizer Mustermesse, Basel

**Werbeprobleme und Zukunft
des Messewesens**

7. Februar 1972
**Prof. Dr. jur. Dr.-Ing. E. h.
H. M. Oeftering**
*Präsident der Deutschen Bundesbahn,
Frankfurt a.M.*

**Die Eisenbahn
in der modernen Gesellschaft**

7. März 1972
Prof. Dr. Peter Bernholz
Universität Basel, Basel

**Die Washingtoner
Währungsbeschlüsse:
Konsequenzen und offene Probleme**

15. Mai 1972
René Joseph Larre
*Generaldirektor der Bank für Internationalen
Zahlungsausgleich, Basel*

**L'union monétaire européenne –
utopie d'hier, réalité de demain?**

23. Oktober 1972
**Dipl. Bauingenieur ETH
Werner Jauslin**
Ständerat, BL, Muttenz

Probleme der Energiepolitik

20. November 1972
Dr. Christian Gasser
*Präsident des Verwaltungsrates der
Mikron Holding AG, Biel*

**Unternehmensführung in der Ungewiss-
heit der wirtschaftlichen Entwicklung**

29. Januar 1973
Armin Baltensweiler
Direktionspräsident der Swissair, Zürich

**Entwicklungstendenzen
im internationalen Flugverkehr**

26. Februar 1973
Bundesrat Ernst Brugger
Vorsteher des Eidgenössischen Volkswirtschaftsdepartementes Bern

Aktuelle Fragen der schweizerischen Volkswirtschaftspolitik

26. März 1973
Nationalrat Prof. Dr. Leo Schürmann
Präsident der eidgenössischen Kartellkommission, Bern

Die Kartell- und Wettbewerbspolitik aus schweizerischer Sicht – neuere Entwicklungen

12. November 1973
Dr. Rinaldo Ossola
Vize-Generaldirektor der Banca d'Italia, Präsident der Stellvertreter der „Zehnergruppe", Rom

La négociation internationale et la construction monétaire européenne après Nairobi

10. Dezember 1973
Prof. Dr. Dipl.-Ing. Eberhard Schmidt
Delegierter des Verwaltungsrates der AG Brown, Boveri & Cie, Baden

Unternehmerprobleme kommender Jahre

4. Februar 1974
Botschafter Dr. Paul R. Jolles
Direktor der Eidgenössischen Handelsabteilung Bern

Die Belastungsprobe der Weltwirtschaftsbeziehungen aus schweizerischer Sicht

26. März 1974
a. Bundesrat Prof. Dr. F.T. Wahlen
Präsident der Verfassungsrevisionskommission, Bern

Die Aufgaben unseres Bundesstaates im Laufe der Zeiten

6. Mai 1974
a. Bundesrat Dr. h.c. Hans Schaffner
Bern

Die multinationalen Gesellschaften

7. Oktober 1974
Dr. Roberto T. Alemann
Ehemaliger Wirtschaftsminister Argentiniens und ehemaliger Botschafter in Washington, Buenos Aires

Lateinamerika zwischen links und rechts

28. Oktober 1974
Dr. Antonio d'Aroma
Generalsekretär der Bank für Internationalen Zahlungsausgleich, Basel

Un grand ami de la Suisse – Luigi Einaudi – chef d'etat, professeur et journaliste

11. November 1974
Prof. Dr. Hugo Aebi
Präsident des Schweizerischen Wissenschaftsrates, Bern

Grenzen und Möglichkeiten der Schweizerischen Forschungspolitik

9. Dezember 1974
Dr. h.c. Gerard Bauer
Präsident der Vereinigung Schweizerischer Uhrenfabrikanten, Biel

Situation et perspectives de l'industrie horlogère suisse

20. Januar 1975
Dr. W. K. Flachs
Generaldirektor der Shell (Switzerland) und Präsident der Schweizerischen Erdölvereinigung, Zürich

Aktuelle Probleme der Mineralölwirtschaft

3. Februar 1975

Prof. Dr. Américo O. Campiglia

Präsident des Verwaltungsrates der Banco de Desenvolvimento do Estado de São Paulo São Paulo

Inflation et développement l'expérience brésilienne

---

12. Februar 1975

Prof. Dr. Francesco Kneschaurek

Delegierter des Bundesrates für Konjunkturfragen und Leiter des St. Galler Institutes für Zukunftsforschung, Bern

Aktuelle Wirtschaftsprobleme der Schweiz

---

3. März 1975

Dr. Alfred Schaller

Nationalrat, BS, Basel

Gegenwart und Zukunftsprobleme der schweizerischen Rheinschifffahrt

---

12. Mai 1975

Dr. Wilhelm Haferkamp

Vize-Präsident der Kommission der Europäischen Gemeinschaften, Brüssel

Neuere wirtschaftspolitische Entwicklung in der Europäischen Wirtschaftsgemeinschaft

---

6. Oktober 1975

Johann F. Gugelmann

Präsident der Schweizerischen Textilkammer Langenthal

Die schweizerische Textilindustrie – Versuch einer Zukunftsbetrachtung

---

3. November 1975

Bundesrat Georges-André Chevallaz

Vorsteher des Eidgenössischen Finanz- und Zolldepartementes, Bern

Die Finanzierung der Wirtschaftsankurbelung

---

24. November 1975

Dipl.-Ing. Michael Kohn

Präsident der Eidgenössischen Kommission für die Gesamtenergiekonzeption, Bern

Die Gesamtenergiekonzeption im Aufbau

---

19. Januar 1976

Dr. Fritz Leutwiler

Präsident des Direktoriums der Schweizerischen Nationalbank, Zürich

Inflation und Rezession

---

23. Februar 1976

Charles Berg

O.B.E. Leiter einer Public-Accountant-Firma in Sydney und bekannter Wirtschaftsfachmann Sydney

Die Aussichten für ausländische Investitionen in Australien

---

5. April 1976

Tore Browaldh

Präsident des Verwaltungsrates der Svenska Handelsbanken, Stockholm

Sweden – the Middle Way between State Socialism and Capitalism

---

31. Mai 1976

Pierre-Bernard Cousté

Vize-Präsident des Europaparlamentes, Brüssel

Economiquement et politiquement l'Europe peut-elle encore être unie?

---

4. Oktober 1976

Dr. Hermann J. Abs

Ehrenvorsitzender der Deutschen Bank AG, Frankfurt a.M.

Internationale Wirtschafts- und Währungsfragen

8. November 1976
Dr. Heinrich Oswald
Direktionspräsident und Delegierter des Verwaltungsrates der Ringier & Co AG, Zofingen

Die Massenpresse in der öffentlichen Meinung und im Lichte der Kritik und der Wirtschaft

17. Januar 1977
Prof. Dr. Alexandre Lamfalussy
Volkswirtschaftlicher Berater und Chef der Währungs- und Wirtschaftsabteilung der Bank für Internationalen Zahlungsausgleich, Basel

Changes flottants, inflation et l'équilibre de la balance des paiements

14. März 1977
Klaus J. Jacobs
Leiter der Geschäftsführung des Konzerns Jacobs AG, Zürich

Kaffee – ein internationales Rohstoffproblem mehr?

18. April 1977
Dr. Heinz R. Wuffli
Präsident der Generaldirektion der Schweizerischen Kreditanstalt, Zürich

Lehren aus dem Floating

23. Mai 1977
Dr. Hanns Martin Schleyer
Präsident der Bundesvereinigung der Deutschen Arbeitgeberverbände sowie des Bundesverbandes der Deutschen Industrie, Köln

Das gesellschaftspolitische Engagement des Unternehmers

13. Juni 1977
Janos Fekete
Vize-Präsident der Ungarischen Nationalbank, Budapest

Die Entwicklung der Ungarischen Wirtschaft in einer sich wandelnden Welt

3. Oktober 1977
Chairman Abdlatif Yousef Al-Hamad
Generaldirektor des Kuwait Fund for Arabic Economic Development, Kuwait-City

Arabian market and Arabian development

24. Oktober 1977
Prof. Dr. Ralf Dahrendorf
Direktor der London School of Economics and Political Science, London

Britische Krankheit – Alterserscheinung oder Modell der Zukunft?
(Zusammen mit der Swiss-British Society, Basel)

12. Dezember 1977
Prof. Dr. Gottfried Bombach
Mitglied der Expertengruppe „Wirtschaftslage" und Universität Basel, Basel

Dr. Hans Kloss
Präsident der Österreichischen Nationalbank, Wien

Dr. Johann Schöllhorn
Präsident der Landeszentralbank in Schleswig-Holstein, Kiel

Prof. Dr. Leo Schürmann
Vize-Präsident der Schweizerischen Nationalbank, Zürich

Prof. Dr. Henry C. Wallich
Member of the Board of Governors of the Federal Reserve System, Washington, D.C.

Dr. Manfred Wegner
Direktor für Volkswirtschaften der Mitgliedsländer und Konjunkturfragen bei der Europäischen Kommission, Brüssel

Gesprächsleitung:
Dr. Christian Lutz
Leiter der Abteilung Volkswirtschaft, Schweizerischer Bankverein, Basel

Panelgespräch:
Welche Therapie für die Weltkonjunktur?

16. Januar 1978
Prof. Dr. Silvio Borner
Universität Basel, Basel

Schweizerische Konjunktur- und Strukturpolitik – Eine kritische Analyse

6. Februar 1978
Bundespräsident Willi Ritschard
Vorsteher des Eidgenössischen Verkehrs- und Energiewirtschaftsdepartementes, Bern

Probleme der Verkehrspolitik

---

13. März 1978
Dr. Waldemar Jucker
Delegierter des Bundesrates für Konjunkturfragen, Bern

Die Schweizer Wirtschaft zwischen Rezession und Anpassung

---

12. September 1978
Dr. Francesco Cingano
Amministratore Delegato della Banca Commerciale Italiana

La profession d'un banquier dans le monde d'aujourd'hui

---

23. Oktober 1978
Dr. Peter Renggli
Präsident der Allgemeinen Schweizerischen Uhrenindustrie (ASUAG), Biel

Georges-Adrien Matthey
Präsident der Fédération Horlogère Suisse, Le Landeron

Gilbert Tschumi
Präsident des Schweizerischen Metall- und Uhrenarbeiterverbandes (SMUV), Biel

Hans Gribi
Mitglied des Verbandes schweizerischer Roskopfuhren-Industrieller, Lengnau

Hans Liechty
Vorstandsmitglied des Zentralverbandes der Schweizerischen Uhrmacher (ZVSU), Basel

Gesprächsleitung:

Hans Strasser
Präsident des Schweizerischen Bankvereins, Basel

Panelgespräch:

Uhrenindustrie – wohin?

---

13. November 1978
Rt. Hon. Roy Jenkins
Präsident der Kommission der Europäischen Gemeinschaften, Brüssel

Europe and its money

---

4. Dezember 1978
Paul Gentil
Directeur Général de la Société Nationale des Chemins de Fer Français, Paris

L'avenir des chemins de fer

22. Januar 1979
Staatssekretär
Dr. Albert Weitnauer
Generalsekretär des Eidgenössischen Politischen Departementes, Bern

Politik und Wirtschaft in den auswärtigen Beziehungen der Schweiz

---

19. Februar 1979
Bundespräsident
Dr. Hans Hürlimann
Vorsteher des Eidgenössischen Departements des Innern, Bern

Umweltschutzpolitik des Bundes – Auftrag und Verwirklichung

---

10. April 1979
Dr. Otmar Emminger
Präsident der Deutschen Bundesbank, Frankfurt a.M.

Geldmengensteuerung und Wechselkurspolitik in der Bundesrepublik Deutschland

---

7. Mai 1979
Dr. Markus Redli
Präsident der Generaldirektion der PTT, Bern

Der Weg der PTT von den roten in die schwarzen Zahlen – Unternehmenspolitik im öffentlichen Betrieb?

8. Oktober 1979
Cesar E. Virata
Finanzminister der Philippinen, Manila

The Position of the Middle Income Countries within the international development policy

5. November 1979
Kurt Lanz
Stellvertretender Vorsitzender der Hoechst AG und Vorsitzender des Conseil Européen des Fédérations de l'Industrie Chimique (CEFIC), Bruxelles

Aktuelle Fragen der europäischen Chemie

3. Dezember 1979
Walter Scheel
Bundespräsident a.D., Köln

Dr. Waldemar Jucker
Direktor des Bundesamtes für Konjunkturfragen, Bern

Dr. Heik Afheldt
Vorsitzender der Geschäftsleitung der Prognos AG, Basel

Dr. Max O. Amstutz
Delegierter des Verwaltungsrates „Holderbank" Financière Glarus AG, Celigny

Prof. Dr. B. Fritsch
Vorsteher des Instituts für Wirtschaftsforschung, Eidgenössische Technische Hochschule, Zürich

Gesprächsleiter:
Dr. Christian Lutz
Direktor der Abteilung Volkswirtschaft des Schweizerischen Bankvereins, Basel

Panelgespräch:

Die langfristigen wirtschaftlichen Entwicklungsperspektiven – Licht und Schatten auf dem Wege ins dritte Jahrtausend

DER VORSTAND der Gesellschaft besteht aus hochrangigen Persönlichkeiten, die ihm dienen. Physisch tritt der Vorstand jedoch nie zusammen und auch die jährliche Generalversammlung kann in der Regel schnell und einfach abgewickelt werden. Dem legendären Peter „Pitle" Gloor blieb es vorbehalten, seine letzte GV mit den fünf Traktanden „Jahresbericht, Jahresrechnung, Revisionsbericht, Wahlen, Varia" in unter zwei Minuten durchzuführen. Sekretär Walter Brack sass an der Stoppuhr und fixierte die neue Rekordzeit von einer Minute und fünfzig Sekunden.

Die achtziger und neunziger Jahre

War das Thema angesichts der „Ölpreiskrise" bereits 1975 schon ein erstes Mal auf die Tagesordnung gelangt, so eröffneten die achtziger Jahre gleich mit einer ganzen Serie von Vorträgen zur Problematik der Ölversorgung, die wie andere Themen auch die zunehmende Bedeutung globaler Wirtschaftsverflechtungen dokumentierten. Die USA unter Reagan, Japan im Höhenflug, Industrieunternehmen im weltweiten Wettbewerb – alles wurde komplexer, internationaler, miteinander verflochtener. Mit der relativen helvetischen Gemütlichkeit und Überschaubarkeit schien es vorbei. Der Blick auf die Schweiz galt den Banken, verschiedenen Schlüsselbranchen unter Modernisierungsdruck und immer wieder dem Problem: Wie wappnet man sich für eine ungewisse Zukunft?

Auch wenn sich die lange Liste der Vorträge als breit angelegte Beobachtung und Kommentierung zeitgeschichtlichen Wandels lesen lässt, ist es manchmal hilfreich, die Frage zu stellen, welche gewichtigen Themen denn unterbelichtet blieben, wenn nicht gar ganz fehlten. Für die achtziger und neunziger Jahre dürfte dies besonders für die gewaltigen gesellschaftlichen Umbrüche der sozialistischen Welt und das Ende der grossen Blöcke gelten. Dies hatte sich zwar mit Gorbatschow schon früher abzuzeichnen begonnen, aber erst mit dem Fall der Mauer 1989 und dem Zusammenbruch der Sowjetunion ab 1990/91 endgültig manifestiert. Tatsächlich hat die Agenda der SVG Basel diese Entwicklung verspätet und mit lediglich zwei Abenden nur sehr punktuell zur Kenntnis genommen: zunächst 1990 mit einem Vortrag zum KSZE-Gipfel von Paris und den sich daraus ergebenden politischen Perspektiven für die Schweiz, dann noch einmal 1992 mit einem Vortrag des prominenten Alt-Botschafters der UdSSR, Valentin Falin, über eine mögliche Zukunft der Sowjetunion nach ihrem Ende. Dies war zugleich der letzte explizite Blick, den man bis heute in Richtung Russland geworfen hat. Stattdessen richtete sich das Interesse in den Neunzigern vermehrt auf das näherliegende Europa und dessen politische und monetäre Integration (mit oder ohne Schweiz?). Das Augenmerk galt den Veränderungen im Nachbarland Deutschland nach der Wende sowie den neuen Rollen- und Identitätsmodellen, die der Schweiz im Rahmen einer Welt zukommen konnten, die sich mit schnellen Schritten globalisierte. Entsprechend fanden sich auch eine ganze Reihe von Veranstaltungen zu den Anforderungen eines sich stetig weiter liberalisierenden und verschärfenden weltwirtschaftlichen Wettbewerbs mit seinen ständigen Fusionen und Strategiewechseln, wie sie etwa die Luftfahrt oder den IT- und Kommunikationssektor betrafen. Wissenschaftlich gerahmt wurde dieser gesellschaftliche Wandel durch den Philosophen Paul Watzlawick. Der legte der SVG Basel allerdings keine „Anleitung zum Unglücklichsein" – so der Titel seines einige Jahre zuvor erschienenen Bestsellers – ans Herz, sondern klärte anekdotisch über „Die Bedeutung der Kommunikation" auf und darüber, dass es „unter der Sonne nichts Neues gab" ausser dem, was man schon einmal vergessen hatte ...

31. Januar 1980
Pierre Arnold
Präsident der Verwaltungsdelegation des Migros-Genossenschafts-Bundes Zürich, Zürich

La grande entreprise face au défi de notre époque

21. Februar 1980
Dr. Awni Shaker Al-Ani
Generaldirektor für auswärtige Beziehungen und Investitionen im Erdölministerium von Irak und Mitglied des Gouverneurrates der OPEC, Bagdad

Die Erdölversorgung Europas aus Sicht der OPEC

24. März 1980
Minister Dr. Hannes Androsch
Vize-Kanzler und Bundesminister für Finanzen, Wien

Wirtschaftspolitik zwischen Neutralität und globaler Interdependenz

14. April 1980
Prof. Dr. Hans Letsch
Ständerat, AG, Aarau

Ökonomie – ein Fremdwort für die Politiker?

19. Mai 1980
Dr. Otto Schlecht
Staatssekretär im Bundesministerium für Wirtschaft, Bonn

Die internationale Wirtschaftslage nach den Ölpreiserhöhungen – Auswirkungen auf die Zahlungsbilanz und deren Finanzierung

13. Oktober 1980
Dipl.-Ing. Ernst G. G. Werner
Managing Director, Royal Dutch / Shell Group of Companies, Den Haag, Niederlande

Die Herausforderung einer sich wandelnden Ölwelt

10. November 1980
Botschafter Prof. Dr. Klaus Jacobi
Bundesamt für Aussenwirtschaft im Eidgenössischen Volkswirtschaftsdepartement, Bern

Möglichkeiten und Grenzen der Entwicklungspolitik

5. Januar 1981
Minister Cecil Parkinson MP
Britischer Handelsminister, London

Prospects for Great Britain – Outlook for the Economy and World Trade

9. Februar 1981
Prof. Dr. Karl Brunner
Rochester University, USA und Universität Bern, Bern

Kann Präsident Reagan den wirtschaftspolitischen Kurs der USA ändern?

2. März 1981
Staatssekretär Dr. Raymond Probst
Bundesamt für Aussenwirtschaft im Eidgenössischen Volkswirtschaftsdepartement, Bern

Aktuelle Fragen der schweizerischen Aussenpolitik

---

30. März 1981
Bundespräsident Dr. Kurt Furgler
Vorsteher des Eidgenössischen Departementes des Innern, Bern

Staat und Wirtschaft in der Bewährungsprobe

---

27. April 1981
Botschafter Klaus Sahlgren
UN-Center for Transnational Companies

Mögliche wirtschaftspolitische Konsequenzen des UNO-Verhaltenskodex

---

18. Mai 1981
D. Weatherstone
Vice-President and General Manager of Morgan Guaranty Trust Company, New York

The Role of the Dollar in the Eighties

---

21. September 1981
Dr. Antonio D'Aroma
Ehemaliger Beigeordneter Generaldirektor der Bank für Internationalen Zahlungsausgleich, Basel

Banques et banquiers à Bâle

---

26. Oktober 1981
Prof. Dr. Joseph Basile
Université de Louvain, Bruxelles

The Japanese Phenomenon

---

7. Dezember 1981
Otto von Habsburg
Mitglied des Europaparlamentes, Pöcking

Die Europäische Gemeinschaft

---

11. Januar 1982
Peter M. Oppenheimer M.A.
Lecturer in Economics, Christ Church College, Oxford

Key Aspects of the International Economy
(Zusammen mit der Swiss-British Society, Basel)

---

8. Februar 1982
Prof. Dr. Matthias Seefelder
Vorsitzender des Vorstandes der BASF AG, Ludwigshafen

Chemie und Energie in den 80er Jahren

---

8. März 1982
János Fekete
Erster Vize-Präsident, Ungarische Nationalbank, Budapest

Dr. Leonhard Gleske
Mitglied des Direktoriums Deutsche Bundesbank, Frankfurt a.M.

Dr. Markus Lusser
Mitglied des Direktoriums Schweizerische Nationalbank, Zürich

Dr. Franz Lütolf
Generaldirektor beim Schweizerischen Bankverein, Basel

Prof. Dr. Henry C. Wallich
Member of the Board of Governors, Federal Reserve System, Washington, D.C.

Gesprächsleitung:
Prof. Dr. Peter Bernholz
Universität Basel, Basel

Panelgespräch:
Zahlungsbilanzungleichgewichte und ihre Finanzierung

26. April 1982
Bundespräsident Fritz Honegger
Vorsteher des Eidgenössischen Volkswirtschaftsdepartementes, Bern

Zielsetzungen
der schweizerischen Wirtschaftspolitik

10. Mai 1982
Prof. Dr. Raymond Barre
Ex-Premierminister Frankreich, Paris

L'efficacité de la politique économique – quelques leçons des expériences contemporaines

27. September 1982
Johannes C. Welbergen
Mitglied des Aufsichtsrates und ehemaliger Vorsitzender des Vorstandes der Deutschen Shell AG sowie Lehrbeauftragter für Energiewirtschaft der Universität Köln, Hamburg

Längerfristige Perspektiven
am Energiemarkt

8. November 1982
Karl Otto Pöhl
Präsident der Deutschen Bundesbank, Frankfurt a.M.

Aktuelle Fragen der Geld-
und Währungspolitik

10. Dezember 1982
Prof. Dr. James Tobin
Nobelpreisträger, Yale University, New Haven, Conn., USA

After Disinflation: What then?

17. Januar 1983
Bundespräsident Pierre Aubert
Vorsteher des Eidgenössischen Departementes für auswärtige Angelegenheiten, Bern

Die Mitwirkung der Schweiz in internationalen Organisationen und Konferenzen unter Berücksichtigung der Frage des Beitritts der Schweiz zur UNO

7. Februar 1983
**S.D. Hans-Adam Erbprinz
von und zu Liechtenstein**
Vaduz

Gedanken zur Entwicklung
Liechtensteins

14. März 1983
Prof. Dr. Hans Lutz Merkle
Vorsitzender der Geschäftsleitung der Firma Robert Bosch GmbH, Stuttgart

Die Führung im
multinationalen Unternehmen

18. April 1983
Dipl. Ing. Rudolf Trachsel
Generaldirektor der PTT, Bern

Kommunikation auf dem Weg
ins Jahr 2000 – Überlegungen der PTT

22. Oktober 1983
Dr. Alfred Hartmann
Präsident der Schweizerischen Stiftung für feintechnische Forschung, Neuchâtel

Herausforderung der Mikroelektronik
an die schweizerische Wirtschaft

28. November 1983
Prof. Dr. Leo Schürmann
Generaldirektor der SRG, Zürich

Ökonomische, rechtliche und politische Aspekte der Medienentwicklung

23. Januar 1984
**Prof. Dr. Friedrich August
von Hayek**
Nationalökonom und Nobelpreisträger, Staats- und Rechtsphilosoph

Die Entwicklung der moralischen
Grundlagen gesellschaftlicher Ordnung

14. Februar 1984
Dr. Wolfgang Habbel
Vorsitzender des Vorstandes der
Audi NSU Auto Union AG, Ingolstadt

Wettbewerbsfähigkeit der deutschen
Automobilindustrie

27. Februar 1984
Dr. Helmut Schmidt
Alt-Bundeskanzler

Gedanken zur Lösung der
weltwirtschaftlichen Probleme

9. April 1984
Dr. Willem F. Duisenberg
Zentralbankpräsident der Niederlande, Amsterdam

Schritte zur Währungsstabilität

21. Mai 1984
Dr. Thomas Wagner
Stadtpräsident von Zürich, Zürich

Die Rolle einer Stadt im Wandel der Zeit

22. Oktober 1984
Rt. Hon. Lord Cockfield

The Government and the Economy –
A view over 40 years

19. November 1984
Dr. Werner Latscha
Präsident der Generaldirektion
der Schweizerischen Bundesbahnen, Bern

Die Schweizerischen Bundesbahnen –
Verwaltung oder Unternehmung?

10. Dezember 1984
Prof. Dr. Henry C. Wallich
Member of the Board of Governors of the Federal
Reserve System, Washington, D.C.

The foreign impact of the
U.S. Budget Deficit
(zusammen mit der Swiss-American Society, Basel)

4. Februar 1985
Dr. Wisse Dekker
Präsident N.V. Philips Gloeilampenfabrieken,
Eindhoven

Die Zukunft der europäischen Informationstechnologie im internationalen
Wettbewerb

18. März 1985
Robert Staubli
Direktionspräsident der Swissair, Zürich

Entwicklungstendenzen in der
Luftfahrtpolitik

29. April 1985
Helmut Maucher
Delegierter des Verwaltungsrates der Nestle AG,
Vevey

Nahrungsmittelmärkte in den 80er
und 90er Jahren – Entwicklungen
und Tendenzen

13. Mai 1985
Dr. Sven O. Hultin
Vorsitzender des Internationalen Exekutivrates
der Weltenergiekonferenz

Sind Energie und Umwelt ein
ungleiches Paar?

16. September 1985
Prof. Dr. Zdzislaw Sadowski
Under-secretary of State, Deputy Commissioner
for the Economic Reform in Poland, Warszwa

The Economic Reform in Poland –
Perspectives for Internal Stability and
Foreign Trade

21. Oktober 1985
Dr. Leonhard Gysin
Präsident des Verwaltungsrates der Agie SA, Losone

Hochtechnologie in der Schweiz: Erfahrungen, Chancen und Risiken aus der Sicht der Agie Losone

1. November 1985
Bundesrätin Dr. Elisabeth Kopp
Vorsteherin des Eidgenössischen Justiz- und Polizeidepartementes, Bern

Probleme aus dem Eidgenössischen Justiz- und Polizeidepartement

2. Dezember 1985
Dr. Lothar Späth
Ministerpräsident von Baden-Württemberg, Stuttgart

Wirtschaft und Wissenschaft im europäischen Verbund

13. Januar 1986
Jörg Zumstein
Korpskommandant, Bern

Führungsprobleme einer Milizarmee in Friedenszeiten

3. Februar 1986
Bundesminister Ferdinand Lacina
Minister für öffentliche Wirtschaft und Verkehr, Österreich, Wien

Die Position Österreichs im europäischen Transitverkehr

3. März 1986
Prof. Dr. Herbert Giersch
Institut für Weltwirtschaft, Universität Kiel, Kiel

Perspektiven der weltwirtschaftlichen Entwicklung

14. April 1986
Prof. Dr. Elisabeth Noelle-Neumann
Institut für Demoskopie, Allensbach

Blockierte Kommunikation – Verständnis für Wirtschaft, Information über Wirtschaft und die öffentliche Meinung

15. September 1986
Per Kleppe
Generalsekretär der EFTA, Genf

Hat die EFTA noch eine Zukunft? Die Rolle der EFTA in der europäischen Wirtschaftsintegration

20. Oktober 1986
Dr. Felix M. Wittlin
Rüstungschef der Schweizer Armee, Bern

Rüstungsbeschaffung im Spannungsfeld von Politik, Technik und Wirtschaft

17. November 1986
Dr. Peter Gross
Generaldirektor bei der Schweizerischen Bankgesellschaft, Zürich

Wieviel Konkurrenz und wieviel Zusammenarbeit unter den Schweizer Banken?

1. Dezember 1986
Alexandre Hay
Präsident des Internationalen Komitees des Roten Kreuzes (IKRK), Genf

Neue Herausforderungen an das IKRK in der Welt von heute

19. Januar 1987
Prof. Dr. Carl C. von Weizsäcker
Universität Köln, Köln

Mehr Wettbewerb in der Telekommunikation

Die Nähe zum „grossen Kanton" brachte schon immer ein starkes Interesse an der Wirtschaft und der Politik des Nachbarlandes mit sich. Entsprechend zahlreich vertreten fanden sich regelmässig PROMINENTE PERSÖNLICHKEITEN aus Deutschland. Die Liste hochrangiger Politiker begann in den fünfziger Jahren mit Ludwig Erhard, als Wirtschaftsminister zentrale politische Figur des deutschen „Wirtschaftswunders". 1979 gastierte Altbundespräsident Walter Scheel, 1984 Altbundeskanzler Helmut Schmidt, 1985 Lothar Späth, Ministerpräsident von Baden-Württemberg, 1989 und nochmals 2008 Bundesinnenminister Wolfgang Schäuble, 2004 die heutige Bundeskanzlerin Angela Merkel, damals noch CDU-Oppositionsführerin im Bundestag, 2015 EU-Digital-Kommissar Günter Oettinger.

Als markante Wirtschaftsvertreter sind gleich drei Besuche des einflussreichen Bankiers Hermann Josef Abs herauszuheben (1953, 1962, 1976). Im Mai 1977 trat BDI-Präsident Hanns Martin Schleyer mit dem Vortrag „Das gesellschaftspolitische Engagement des Unternehmers" ans Basler Rednerpult. Etwas mehr als drei Monate später wurde Schleyer im „Deutschen Herbst" von RAF-Terroristen entführt und ermordet. Seit den achtziger Jahren fanden sich immer mehr Vorstände aus bedeutenden Grossunternehmen: 1979 Kurt Lanz (Hoechst AG), 1983 Hans Lutz Merkle (Bosch), 1984 Wolfgang Habbel (Audi-NSU), 1998 Josef Ackermann (Deutsche Bank), 2000 Wilhelm Simson (EON), 2010 Jürgen Hambrecht (BASF), 2013 der hessische Ex-Ministerpräsident Roland Koch und danach Chef von Bilfinger Berger. Hinzu kam eine lange Reihe hoher Bundesbankfunktionäre von Karl Blessing, Otmar Emminger, Leonhard Gleske und Otto Pöhl bis zu Helmut Schlesinger und Hans Tietmeyer.

Prominent vertreten waren aber auch die anderen Nachbarstaaten. Aus Frankreich kamen 1951 der französische Spitzenpolitiker Paul Reynaud, EG-Vizepräsident und Ex-Premier Raymond Barre (1969 und 1982), 1978 SNCF-Direktor Paul Gentil, 1987 Ex-Premier Valéry Giscard d'Estaing. Österreich war präsent durch den Nationalbankpräsidenten Hans Kloss (1977), Verkehrsminister Ferdinand Lacina (1986) oder Bundesfinanzminister Karl-Heinz Grasser (2008). Und für das Fürstentum Liechtenstein trat 1983 und 2001 Fürst Hans-Adam II. von und zu Liechtenstein höchstpersönlich ans Rednerpult der SVG Basel.

16. Februar 1987
Valéry Giscard D'Estaing
Ex-Staatspräsident von Frankreich, Paris

**L'Union monétaire de l'Europe:
une démarche vers l'union politique**

23. März 1987
Elmar Pieroth
Wirtschaftssenator der Stadt Berlin, Berlin

**Perspektiven der Innovationspolitik
am Beispiel Berlin**

13. April 1987
Dr. Fritz Leutwiler
Präsident des Verwaltungsrates der AG Brown,
Boveri & Cie, Baden

**Die Schweizerische Maschinenindustrie
im veränderten internationalen Umfeld**

21. September 1987
Dr. Roberto T. Alemann
Ehemaliger Wirtschaftsminister Argentiniens und
ehemaliger Botschafter in Washington, Buenos
Aires

**Wie ist Lateinamerika wieder in
Schwung zu bringen?**

19. Oktober 1987
Prof. Dr. Charles P. Kindleberger
Massachusetts Institute of Technology, Cambridge,
USA

**The Financial Crises of the 1930's and
the 1980's: Similarities and Differences**

23. November 1987
Dr. Walter Biel
Nationalrat, Zürich

Melchior Ehrler
Direktor des Schweizerischen Bauernverbandes,
Brugg

**Gibt es eine Wende in der
schweizerischen Landwirtschaftspolitik?**

14. Dezember 1987
Dr. Hansjörg Abt
Wirtschaftsredaktor der „Neuen Zürcher Zeitung",
Zürich

**Medienschaffende und Unternehmer:
Ein (hoffnungsloser?) Fall von Hassliebe**

29. Februar 1988
**Staatssekretär Prof. Dr.
Franz A. Blankart**
Direktor des Bundesamtes für Aussenwirtschaft
im Eidgenössischen Volkswirtschaftsdepartement,
Bern

Aussenwirtschaft und Innenpolitik

21. März 1988
Dr. Stephan Schmidheiny
Anova AG, Hurden

**Betrachtungen zur Gestaltung der
Nachfolge in Familienunternehmen**

25. April 1988
Bundesrat Arnold Koller
Vorsteher des Eidgenössischen
Militärdepartementes, Bern

**Regionalpolitik des EMD:
Möglichkeiten und Grenzen**

12. September 1988
Prof. Dr. Theodor Leuenberger
Handels-Hochschule St. Gallen, St. Gallen

**Der ostasiatische Wirtschaftsraum –
Entwicklungstendenzen und Chancen
für die schweizerische Wirtschaft**

31. Oktober 1988
Prof. Dr. Norbert Kloten
Präsident der Landeszentralbank in Baden-Württemberg, Stuttgart

**Die europäische
Währungsintegration –
Chancen und Risiken**

Eine Durchsicht der Vortragsliste zeigt, dass mit dem Zeitenwandel auch ein deutlicher SPRACHWANDEL zu verzeichnen ist. Während das Deutsche als Vortragssprache schon immer im Vordergrund stand, spielte aber auch das Französische lange Zeit eine gewichtige Rolle. So war bis Mitte des 20. Jahrhunderts in manchen Jahren bei der Sprachwahl fast ein Gleichgewicht zu verzeichnen. Dies änderte sich seit den sechziger Jahren deutlich und stetig zu Gunsten des Englischen. Nach 1980 wurden gerade noch sieben Vorträge in französischer Sprache gehalten, seit 1993 ist sie ganz aus dem Programm verschwunden – zum einen ein deutlicher Effekt einer Globalisierung, die primär anglophon orientiert ist, zum anderen Zeichen einer kulturellen Reorientierung der Basler Interessen. Frankreich als grosser Nachbar und vor allem Paris als politisches, wirtschaftliches und intellektuelles Zentrum werden zu einem Pol der Aufmerksamkeit neben vielen anderen internationalen Hot Spots. Deutlich wird aber auch eine Verfestigung des „Röschti-Grabens": Vertreter der Romandie sind aus der Vortragsreihe praktisch verschwunden, während Redner aus Deutschland starke Präsenz geniessen. Beim Blick auf das GESCHLECHT der Vortragenden zeigt sich, dass sich an der massiven strukturellen Übermacht der Männer über die Jahre nicht viel geändert hat: Die SVG Basel ist trotz vieler Bemühungen vorwiegend eine Veranstaltung von Männern mit Männern. Im gesamten Zeitraum von 1870 bis 2020 finden sich gerade einmal 23 weibliche Vortragende. Die erste Rednerin war 1921 die Genfer Privatdozentin „Frl. Dr. Louise Sommer" mit einem Vortrag zur „Neugestaltung des österreichischen Bankwesens", gefolgt zehn Jahre später von Dr. Elsa Gasser, Mitarbeiterin der NZZ über die „schweizerischen Lebenskosten in internationaler Beleuchtung", weitere 13 Jahre später noch einmal dieselbe „Frl. Dr. Louise Sommer", noch immer Privatdozentin an der Universität Genf, mit dem Thema „Regionalismus oder Universalismus in der Handelspolitik der Nachkriegszeit". Es dauerte dann 40 Jahre, bis mit der Bundesrätin Elisabeth Kopp und ein Jahr später der bekannten deutschen Demoskopin Elisabeth Noelle-Neumann weitere zwei Frauen in Basel am Rednerpult standen – erneut Ausnahmeauftritte, die erst im Laufe der neunziger Jahre ihren Exotismus verloren. Seit diesem Zeitpunkt bemühten sich verschiedene Präsidenten, die Liste der ReferentInnen geschlechtlich ausgewogen zu gestalten. In Vorstand und Präsidium der SVG Basel sind die Brandmauern der Maskulinität nach wie vor fast intakt geblieben: Erst 2010 hat mit Monika Ribar, damals CEO von Panalpina World Transport, die erste Frau Einzug in den Vorstand gehalten.

19. Dezember 1988
Jacopo Vittorelli
Delegierter des Verwaltungsrates der Pirelli S.p.A., Mailand

Planning in Industry Today – As we approach the 21st Century

30. Januar 1989
Peter Wallenberg
Verwaltungsratspräsident der Atlas Copco AB, Stockholm

A Changing Europe in a Changing World

20. Februar 1989
Bundesrat Dr. Otto Stich
Vorsteher des Eidgenössischen Finanzdepartementes, Bern

Finanzpolitik im Spannungsfeld zwischen haushalts- und europapolitischen Zielsetzungen

10. April 1989
Werner K. Rey
Verwaltungsratspräsident der Omni Holding AG, Bern

Unternehmerisches Handeln in veränderter Umwelt

8. Mai 1989
Bundesminister Dr. Wolfgang Schäuble
Bundesminister des Innern, Bonn

Aufgaben der Politik und ihre Grenzen in der modernen Industriegesellschaft

4. September 1989
Botschafter Dr. Dieter Chenaux-Repond
Ständiger Beobachter der Schweiz bei der UNO, New York

Die Schweiz zwischen Beharren und Aufbruch

16. Oktober 1989
Prof. Dr. Dr. h.c. mult. Wilhelm Krelle
Institut für Gesellschafts- und Wirtschaftswissenschaften der Universität Bonn, Bonn

Die Antriebskräfte des Wirtschaftswachstums

11. Dezember 1989
Prof. Dr. Helmut Schlesinger
Vize-Präsident der Deutschen Bundesbank, Frankfurt a.M.

Aktuelle geld- und währungspolitische Fragen – auf dem Weg zur Währungsunion

22. Januar 1990
Prof. Dr. Helmut Sihler
Vorsitzender der Geschäftsführung der Henkel KGaA, Düsseldorf

Chemie – Gesellschaft – Umwelt

19. Februar 1990
Bundesrat Jean-Pascal Delamuraz
Vorsteher des Eidgenössischen Volkswirtschaftsdepartementes, Bern

Die schweizerische Wirtschaft auf dem Weg in die Zukunft

26. März 1990
Nationalrat Dr. Christoph Blocher
Verwaltungsratspräsident der EMS-Chemie Holding AG, Zürich

Sind Politiker Förderer oder Hemmschuhe der wirtschaftlichen Entwicklung?

7. Mai 1990
Prof. Dr. Kurt Biedenkopf
Mitglied des Deutschen Bundestages, Bonn

Wirtschaftliche Aspekte der deutsch-deutschen Einigung

8. Oktober 1990
Dr. Klaus Hug
Direktor des Bundesamtes für Industrie, Gewerbe und Arbeit, Bern

Arbeitsmarkt Schweiz – Probleme und Perspektiven im Hinblick auf Europa

---

3. Dezember 1990
Staatssekretär Prof. Dr. Klaus Jacobi
Eidgenössisches Departement für auswärtige Angelegenheiten, Bern

Eine zeitgemässe schweizerische Aussenpolitik – Perspektiven nach dem KSZE-Gipfel

---

28. Januar 1991
Ulrich Bremi
Nationalratspräsident, Zollikofen

Die Schweiz an der Schwelle zum nächsten Jahrhundert

---

11. Februar 1991
Robert Studer
Präsident der Generaldirektion der Schweizerischen Bankgesellschaft, Zürich

Die Banken im Brennpunkt der öffentlichen Meinung

---

11. März 1991
Dr. Reiner M. Gohlke
Vorstandsvorsitzender der Deutschen Bundesbahn a.D., Königstein

Die wirtschaftlichen Herausforderungen der fünf neuen Bundesländer und die Bedeutung der Verkehrsinfrastruktur

---

22. April 1991
Dr. Martin Bangemann
Vize-Präsident der Kommission der Europäischen Gemeinschaften und Kommissar für den Binnenmarkt und Handelsbeziehungen, Brüssel

EG und EWR – Perspektiven für die Schweiz

---

23. September 1991
Hermann Schaufler
Minister für Wirtschaft, Mittelstand und Technologie des Landes Baden-Württemberg, Stuttgart

Hat eine Region in einer globalen Gesellschaft noch einen Wert?

---

28. Oktober 1991
Prof. Dr. Paul Watzlawick
Mental Research Institute, Palo Alto, USA

Umgang mit technischen und gesellschaftlichen Veränderungen: Die Bedeutung der Kommunikation

---

16. Dezember 1991
Prof. Dr. Silvio Borner
Universität Basel, Basel

Prof. Dr. Heinz Hauser
Handels-Hochschule St. Gallen, St. Gallen

Prof. Dr. Peter Tschopp
Universität Genf, Genf

Gesprächsleitung:

Dr. Christoph Koellreuter
Geschäftsführender Direktor der BAK, Basel

Panelgespräch:

Schweiz und Europa: Die Wertung aus der Sicht der Ökonomen

---

2. März 1992
Baron Daniel Janssen
Président du Comité Exécutif, Solvay S.A., Bruxelles, et Président du Conseil Européen des Fédérations de l'Industrie Chimique (CEFIC), Bruxelles

The European Chemical Industry Facing the Challenges of the Nineties

---

6. April 1992
Bundespräsident René Felber
Vorsteher des Eidgenössischen Departements für auswärtige Angelegenheiten, Bern

Identité Suisse et perspectives européennes

Seit 2005 ist Doris Robert Sekretärin der SVG Basel

Die Satzung der Statistisch-Volkswirtschaftlichen Gesellschaft sieht neben dem Präsidenten als weitere Funktionen eine (unbegrenzte) Zahl von Vizepräsidenten und Programmleitern vor, die Stellung eines Kassiers und eines Sekretärs. DER SEKRETÄR/DIE SEKRETÄRIN amtet in der Regel über einen viel längeren Zeitraum als die auf drei Jahre beschränkten Präsidenten. Seit 2005 hat Doris Robert diese Position inne; davor übte sie Walter Brack 20 Jahre aus. Die Bezeichnung der Sekretärin/des Sekretärs kennzeichnet das Tätigkeitsfeld jedoch bei weitem nicht in Umfang und Bedeutung. In Wirklichkeit handelt es sich dabei eher um eine Tätigkeit als Geschäftsführer/in der SVG Basel, die praktische Organisation aller Abläufe der Gesellschaft. Dazu gehört das Sponsoring, der Versand der Einladungen, die Reservation der Räume, die Organisation des Nachtessens bis hin zur wichtigen Tischordnung. Ein Vorschlagsrecht bei der Auswahl der Referenten steht der Sekretärin formal zwar nicht zu, doch wird sie in die Entscheidungsfindung und die Gewinnung der Referenten eingebunden. So ist diese Position in der Gesellschaft eine eigentlich tragende.

27. April 1992
Pierre Hessler
Generaldirektor, IBM Europe SA, Paris

Informatics in the Nineties – Evolution or Revolution?

21. September 1992
Jean-Jacques Kasel
Représentant permanent du Luxembourg auprès des Communautés Européennes, Bruxelles

Le rôle d'un petit etat dans la communauté

2. November 1992
Beat Kappeler
Sekretär des Schweizerischen Gewerkschaftsbundes, Bern

Prof. Dr. Leonhard Neidhart
Universität Konstanz, Konstanz

Dr. Peter Spälti
Präsident des Verwaltungsrates der Winterthur-Versicherungen, Winterthur

Prof. Dr. Walter Wittmann
Universität Fribourg, Fribourg

Gesprächsleitung:

Dr. Christoph Koellreuter
Geschäftsführender Direktor der BAK, Basel

Panelgespräch:

Das politische System der Schweiz: Modell für Europa?

30. November 1992
Robert A. Jeker
Präsident der Generaldirektion der Schweizerischen Kreditanstalt, Zürich

Plädoyer für eine weltoffene, engagierte Schweiz

14. Dezember 1992
Valentin Falin
Alt-Botschafter der ehemaligen UdSSR in Deutschland, Hamburg,

Prof. Dr. Rem Beloussow
Russische Akademie für Verwaltung, Moskau

Wohin steuert die ehemalige Sowjetunion? Politische und wirtschaftliche Perspektiven

15. Februar 1993
Jacques Pilet
Chefredaktor „Le nouveau Quotidien", Lausanne

Plaider l'Europe: par l'imagination et l'action

8. März 1993
Dr. Hans Tietmeyer
Vize-Präsident der Deutschen Bundesbank, Frankfurt a.M.

Europa auf dem Weg zur Währungsunion

19. April 1993
Prof. Dr. Thierry de Montbrial
Directeur de l'Institut Français des Relations Internationales et membre de L'Académie Française, Paris

L'Europe entre ordre et anarchie

13. September 1993
Prof. Dr. Peter Kugler
Universität Bern, Bern

Margrit Meier
Sekretärin des Schweizerischen Gewerkschaftsbundes, Bern

Jean-Luc Nordmann
Direktor des Bundesamtes für Industrie, Gewerbe und Arbeit, Bern

Dr. Guido Richterich
Präsident des Zentralverbandes schweizerischer Arbeitgeber-Organisationen und Mitglied der Konzernleitung F. Hoffmann-La Roche AG, Basel

Prof. Dr. Heidi Schelbert
Universität Zürich, Zürich

Gesprächsleitung:

Dr. Christoph Koellreuter
Geschäftsführender Direktor der BAK, Basel

Panelgespräch:

Arbeitslosigkeit in der Schweiz: Therapievorschläge aus Wissenschaft und Praxis

25. Oktober 1993
Dr. Hans Sieber
Direktor des Bundesamtes für Konjunkturfragen, Bern

Marktwirtschaftliche Erneuerung: Papiertiger oder Reform mit Biss?

15. November 1993
Henning Christophersen
Vize-Präsident der Kommission der Europäischen Gemeinschaften, Brüssel

European Prospects

17. Januar 1994
Bengt Dennis
Vorsitzender des Verwaltungsrates der Bank für Internationalen Zahlungsausgleich und Präsident der Schwedischen Nationalbank, Stockholm

The Banking Crisis – Origins, Countermeasures and Conclusions

7. Februar 1994
Kenichi Ohmae
Direktor, McKinsey & Company Japan, Tokyo

Revitalizing the national economy

28. März 1994
François Loeb
Nationalrat und Verwaltungsrats-Delegierter der Loeb AG, Bern

Kreativität und Motivation in Wirtschaft und Wirtschaftspolitik

2. Mai 1994
Bundesrat Adolf Ogi
Vorsteher des Eidgenössischen Verkehrs- und Energiewirtschaftsdepartementes, Bern

Eine Vorwärtsstrategie für die Schweiz

26. September 1994
David de Pury
Co-Präsident des Verwaltungsrates der ABB Asea Brown Boveri, Zürich

Globalisierung: Realität oder Wunschdenken

17. Oktober 1994
Rt. Hon. David Howell
Vorsitzender des aussenpolitischen Ausschusses des britischen Unterhauses, London

Foreign Policy in a fragmenting world

14. November 1994
Nicolas G. Hayek
Präsident und Delegierter des Verwaltungsrates der SMH, Biel

Welches sind die Voraussetzungen für eine dauerhafte und erfolgreiche Konsumgüterindustrie und für den Tourismus in der Schweiz?

16. Januar 1995
Verena Spoerry
Nationalrätin, Horgen

Standorte – Standpunkte

20. Februar 1995
Dieter Syz
Präsident der Generaldirektion der PTT, Bern

Die PTT – vom Staatsbetrieb zum modernen Kommunikationsunternehmen

24. April 1995
Dr. Erwin Schurtenberger
Ehemaliger Schweizer Botschafter in der Volksrepublik China, Beijing

Ostasien: Wettbewerb der Firmen, Länder, Systeme

25. September 1995
Bundesrat
Jean-Pascal Delamuraz
Vorsteher des Eidgenössischen Volkswirtschaftsdepartementes, Bern

Gedanken zu einer effizienten Staatsführung

---

23. Oktober 1995
Paul Reutlinger
Mitglied der Geschäftsleitung, Swissair AG, Präsident der Schweizerischen Verkehrszentrale, Zürich

Die Swissair im weltweiten Konkurrenzkampf und ihre Bedeutung für den schweizerischen Tourismus

---

13. November 1995
Dr. Markus Lusser
Präsident des Direktoriums, Schweizerische Nationalbank, Zürich

Die Rolle der Geldpolitik für die Wettbewerbsfähigkeit der schweizerischen Wirtschaft

---

11. Dezember 1995
Prof. Dr. Jürgen Drews
Mitglied der Konzernleitung, Hoffmann-La Roche AG, Basel

Revolution in der Biomedizinischen Forschung: Ist die Schweiz darauf vorbereitet?

---

12. Februar 1996
Alexander Pereira
Direktor Opernhaus Zürich

(Kein Titel)

---

12. März 1996
Birgit Breuel
Generalkommissarin der Weltausstellung Expo 2000, Berlin, ehemalige Präsidentin der Treuhandanstalt, Bern

Wege zum Nachbarn – Welchen Beitrag kann die Weltausstellung leisten?

---

22. April 1996
Staatssekretär Dr. Jakob Kellenberger
Eidgenössisches Departement für auswärtige Angelegenheiten EDA, Bern

Europäische Entwicklungsperspektiven und die Schweiz

---

21. Oktober 1996
Dr. Hans Barbier
Ressortleiter für Wirtschaftspolitik, Frankfurter Allgemeine Zeitung, Frankfurt a.M.

Wie haltbar ist das deutsche Modell? Das Wirtschaftswunderland auf dem Prüfstand

---

18. November 1996
Dr. Benedikt Weibel
Präsident der Generaldirektion, Schweizerische Bundesbahnen, Bern

SBB: Quo vadis?

---

27. Januar 1997
Bundesrat Kaspar Villiger
Referat Vorsteher des Eidgenössischen Finanzdepartementes, Bern

Die Sanierung der Bundesfinanzen vor dem Hintergrund eines veränderten wirtschaftlichen Umfeldes

---

3. März 1997
Ernst Thomke
Verwaltungsratspräsident Bally International AG, Schönenwerd und Saurer AG, Arbon

Erfolgsrezepte fürs Jahr 2000 – Wie bleiben Schweizer Firmen im globalen Markt konkurrenzfähig?

---

21. April 1997
Sir Alan Walters
Ehemaliger wirtschaftspolitischer Berater der Premierministerin M. Thatcher und Vizepräsident des Verwaltungsrates der AIG Group, Inc., London

The Case Against a Single Currency for Europe

17. November 1997
Jeff Katz
Chief Operating Officer, Sair-Group, Zürich

Preparing a Strong Swissair for Global Competition

24. November 1997
Göran Lindahl
Präsident und Chief Executive Officer, ABB Asea Brown Boveri Ltd., Zürich

ABB as of Now and our Challenges for the Turn of the Century

15. Dezember 1997
Bundesrat Flavio Cotti
Vorsteher des Eidgenössischen Departementes für auswärtige Angelegenheiten, Bern

Aussenpolitik und Globalisierung

26. Januar 1998
Dr. Gerhard Schwarz
Chef der Wirtschaftsredaktion, Neue Zürcher Zeitung, Zürich

Die Marktwirtschaft und ihre Werte

23. Februar 1998
Dr. Josef Ackermann
Mitglied des Vorstandes, Deutsche Bank AG, Frankfurt

Der Euro – und was dann?

16. März 1998
Felix Rosenberg
Chief Executive Officer und Verwaltungsrat, Swisscom, Bern

Strategische Ausrichtung der Swisscom im liberalisierten Markt

30. März 1998
Matthias Bamert
Intendant der Internationalen Musikfestwochen (IMF), Luzern

Wieviel IMF braucht der Mensch?

9. November 1998
Staatssekretär Prof. Dr. Franz Blankart
Direktor des Bundesamtes für Aussenwirtschaft, Bern

30 Jahre Europapolitik

25. Januar 1999
Dr. Hans Meyer
Präsident des Direktoriums, Schweizerische Nationalbank, Zürich

Die Schweiz und die internationale Währungszusammenarbeit

1. März 1999
Edwin Somm
Präsident des Arbeitgeberverbandes der Schweizerischen Maschinenindustrie, Zürich

Schweizerische Maschinenindustrie: aus einer Position der Stärke die Herausforderungen der Zukunft meistern

12. April 1999
Bundesrat Pascal Couchepin
Vorsteher des Eidgenössischen Volkswirtschaftsdepartementes, Bern

Die Schweiz: eine grosse Wirtschaftsmacht?

18. Oktober 1999
Prof. Dr. Roman Boutellier
Präsident der Konzernleitung, SIG Schweizerische Industrie-Gesellschaft Holding AG, Neuhausen

Management technischer Risiken

8. November 1999
Bundesrätin Ruth Metzler
Vorsteherin des Eidgenössischen Justiz- und Polizeidepartements, Bern

Grenzüberschreitende Zusammenarbeit im Polizeibereich

Die zweitausender und zweitausendzehner Jahre

Die Vorträge der zweitausender und zweitausendzehner Jahre sind zugleich von einer zunehmenden Themenvielfalt wie von einer Intensivierung der Globalisierungsthematik geprägt, die sich primär als stetige Steigerung von Komplexität darstellt. Während etwa das „Handwerk 2.0" noch in Richtung „Dienstleistungsverständnis" unterwegs ist, denkt die Pharmaindustrie schon über „personalisierte Medizin" nach. Die Liste der zu Wort kommenden Unternehmensvertreter liest sich über weite Strecken wie ein *Who is Who* jener *European* oder *Global Players*, die in Basel (z.B. Novartis, Roche), der Regio (z.B. DSM, Clariant) oder der Schweiz (z.B. Implenia, UBS, Nestlé, EMS Chemie) mit ihren Stammsitzen angesiedelt sind. Auftritte bei der SVG Basel fungieren gleichermassen als Schaufenster zur Image-Werbung wie als Berichte von der hart umkämpften Wettbewerbsfront. Risikobeschwörungen gehen Hand in Hand mit Chancenbekenntnissen. „Change Management", „Innovation" und „Nachhaltigkeit" sind die Zauberworte der Stunde. Die nach wie vor virulente Frage nach dem „Standort" wird dabei immer schwerer zu beantworten. Mit neuen SVG-Präsidenten – nicht mehr nur unbedingt aus der Wirtschaft – treten auch Phänomene ins Blickfeld, die vor ein paar Jahren wohl kaum als seriös behandlungswürdig eingeschätzt worden wären – sei es, dass man sie als zu unbedeutend (Multimedia, Facebook), sei es als zu esoterisch (Innovation durch Schwarmintelligenz) empfunden hätte. Auch Samih Sawiris, ägyptisch-montenegrinischer Grossinvestor, der Andermatt mit seinem Tourismusprojekt „Swiss Alps" als Luxusdestination neu erfinden wollte, bekam seinen Auftritt. Nach wie vor finden aber auch „handfeste" Themen ihren Platz in der Vortragsreihe: seien es Rentenfragen, Überlegungen zur Geldwertstabilität – im Rahmen der SVG Basel ein echtes „Traditionsthema" –, eine Nachbetrachtung zur Schweizer Landesausstellung „Expo 02" oder Innenansichten der politischen Gepflogenheiten in „Bundes-Bern".

24. Januar 2000
Prof. Dr. Federico Sturzenegger
Dean Business School, Universidad Torcuato Di Tella, Buenos Aires

Economic Reforms in Latin America: The Case of Argentina and General Conclusions

28. Februar 2000
Walter Kielholz
Chief Executive Officer, Schweizerische Rückversicherungs-Gesellschaft, Zürich

Bemerkungen eines globalen Rückversicherers zum Standort Schweiz

27. März 2000
Staatssekretär Dr. David Syz
Direktor des Staatssekretariats für Wirtschaft (seco), Bern

Ordnungspolitik – Balsam oder bittere Pille

30. Oktober 2000
Bundesrat Prof. Dr. Joseph Deiss
Vorsteher des Eidgenössischen Departementes für auswärtige Angelegenheiten, Bern

Der Finanzplatz Schweiz: eine Herausforderung für die Aussenpolitik

27. November 2000
Prof. Dr. Wilhelm Simson
Vorsitzender des Vorstandes der E.ON AG, Düsseldorf

Erfolgsfaktoren von Unternehmensfusionen – Erfahrungen aus der unternehmerischen Praxis

29. Januar 2001
Dr. Eric Honegger
Präsident des Verwaltungsrates, SAirGroup, Zürich

SAirGroup – ein strategischer Ausblick

26. Februar 2001
Lukas Mühlemann
Präsident des Verwaltungsrates und CEO, Credit Suisse Group, Zürich

New Economy – Unternehmen, Wirtschaftsstandorte und Finanzmärkte verändern ihr Gesicht

26. März 2001
Fürst Hans-Adam II. von und zu Liechtenstein

Die Zukunft der Demokratie

29. Oktober 2001
Bundesrat Samuel Schmid
Vorsteher des Eidgenössischen Departementes für Verteidigung, Bevölkerungsschutz und Sport, Bern

Das Projekt Armee XXI und die Abstimmungsvorlagen vom 2. Dezember 2001 (GsoA)

3. Dezember 2001
Antoinette Hunziker-Ebneter
Vorsitzende der SWX Gruppe und CEO virt-x, Zürich

virt-x: Effizienz im paneuropäischen Cross-Border-Handel

28. Januar 2002
Prof. Dr. Wolfgang Pfaffenberger
Leiter des Energie-Instituts an der Universität Bremen

Ausstieg aus der Kernenergie als Baustein einer zukunftsorientierten Energiepolitik?

25. Februar 2002
Dr. Thomas Held
Direktor der Stiftung Zukunft Schweiz, Zürich

Vor dem beschwerlichen Abstieg? Bemerkungen zur Gefährdung schweizerischer Spitzenpositionen

25. März 2002
Dr. Jean-Pierre Roth
Präsident des Direktoriums, Schweizerische Nationalbank, Zürich

Ist eine Notenbank für Überraschungen gut?

30. September 2002
Michael Ringier
Delegierter des VR Ringier AG, Zürich

Journalismus unter der Lupe

21. Oktober 2002
Dr. Thomas Knecht
Managing Director, McKinsey & Company Inc., Schweiz, Zürich

Rezession als Schicksal?

18. November 2002
Franz Steinegger
Nationalrat, Präsident des Steuerungskomitees Expo.02

Expo.02 – Ein Rückblick

27. Januar 2003
Prof. Dr. Michael Landesmann
Wissenschaftlicher Leiter, Wiener Institut für Internationale Wirtschaftsvergleiche

Das Neue Europa: Ökonomische Effekte der EU-Erweiterung

17. Februar 2003
Peter Brabeck
Vizepräsident des VR und Chief Excecutive Officer, Nestlé SA, Vevey

Herausforderung an Unternehmen im globalisierenden Markt

24. März 2003
Dr. Valentin Rorschacher
Bundesanwalt, Bern

Der Auftrag der Bundesanwaltschaft in der internationalen Schwerstkriminalität

29. September 2003
Bundesrätin Micheline Calmy-Rey
Vorsteherin des Eidgenössischen Departements für auswärtige Angelegenheiten

Aussenpolitik ist auch Wirtschaftspolitik

20. Oktober 2003
Dr. Rolf Dörig
Referat Präsident der Konzernleitung Rentenanstalt Swiss Life, Zürich

Altersvorsorge in der Krise? – Plädoyer für einen sachlichen Umgang mit einem komplexen Thema

Die Vorträge finden im Auditorium der Universität statt.

Unausgesprochen wird vom jeweiligen Präsidenten erwartet, dass er ein Mitglied des Bundesrates in seiner Amtszeit als Referenten nach Basel holt. Im letzten Vierteljahrhundert fanden sich sogar 15 Bundesräte als Gäste der SVG Basel ein. Es sind vor allem die Departemente vertreten, deren Arbeitsbereiche mit der Gesellschaft zu tun haben, also Wirtschaft und Finanzen, Justiz und Aussenpolitik. Bei der Parteizugehörigkeit dominieren eindeutig SVP und FDP, aber immerhin redeten auch Micheline Calmy-Rey und Simonetta Sommaruga von den Sozialdemokraten. Ruth Metzler von der CVP stärkte auch noch den Frauenanteil bei den SVG-ReferentInnen. Eine andere Frau, die 2009 vortrug, hatte davor für eine Sensation im politischen System der Eidgenossenschaft gesorgt: Eveline Widmer-Schlumpf wurde statt Christoph Blocher in den Bundesrat gewählt. Blocher selbst hatte zwei Jahre zuvor über die Schweizer Wirtschaft als Stiefkind der Politik referiert. Parteigenosse Ueli Maurer wies auf die Gefahren, aber auch die Chancen der „Globalisierungswalze" für das Land hin. Einen spannenden Blick durchs Schlüsselloch in den „wöchentlichen Tanz der Konkordanz" des Bundesrates gewährte hingegen Ignazio Cassis: Die Bundesräte sind sich trotz unterschiedlicher Parteizugehörigkeiten bei politischen Entscheidungen meist einig – aber erst nach intensiver Diskussion. Und auch das typisch schweizerisch: Bundesrat Cassis kommt mit dem Tram, Rucksack geschultert, zur Arbeit ins Bundeshaus.

VORTRAGSLISTE Oktober 1931 bis heute

1. Dezember 2003
Ivo Bachmann
Designierter Chefredaktor Basler Zeitung

Journalismus als Dienstleistung – die neue Rolle einer modernen Regionalzeitung

5. April 2004
Korpskommandant Christophe Keckeis
Chef der Armee und Generalstabchef, Bern

Armee und Wirtschaft

25. Oktober 2004
Markus Schneider
Ökonom und Journalist bei der Weltwoche, Zürich

Eine Flat Tax für die Schweiz – Warum das Steuersystem einfach und die Steuertarife flach sein sollen

26. Januar 2004
Prof. Dr. Malcolm D. Knight
Generaldirektor, BIZ

The Global Economy: A View from the BIZ

27. September 2004
Prof. Dr. Christoph Schäublin
Referat, Rektor der Universität Bern

Universitätslandschaften und ihre Gärtner

29. November 2004
Prof. Dr. Gesine Schwan
Präsidentin der Europa-Universität Viadrina, Frankfurt (Oder)

Deutschlandreise. Erfahrungen einer Kandidatin

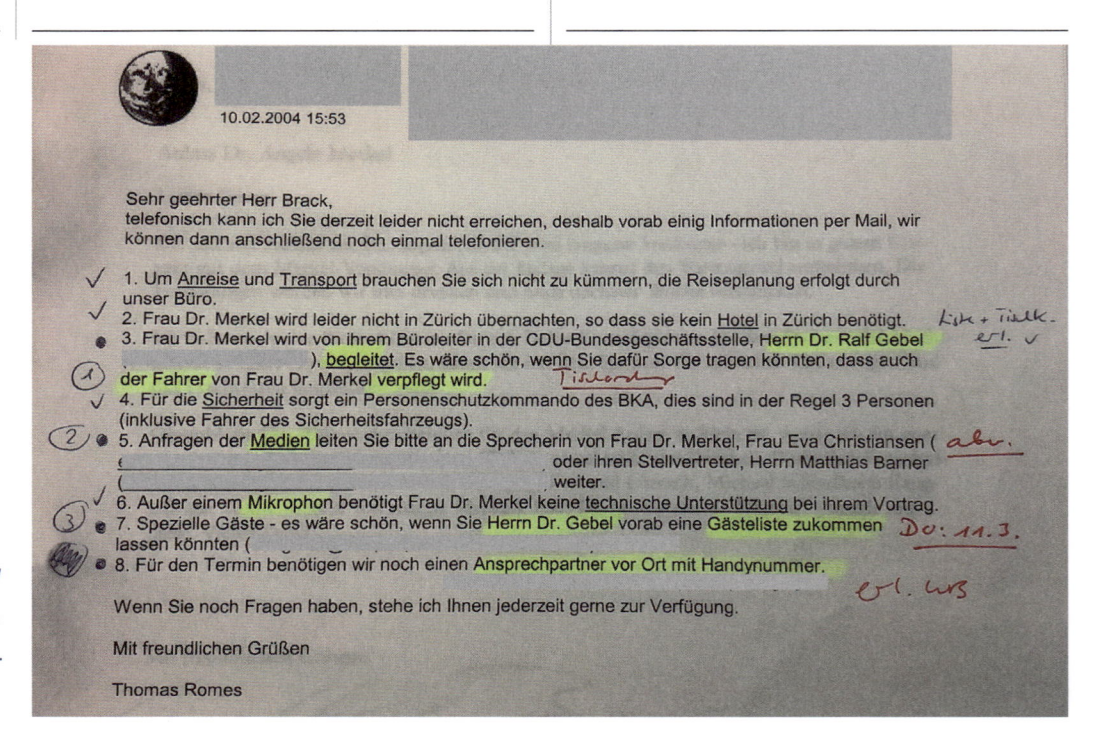

15. März 2004
Dr. Angela Merkel
Vorsitzende der CDU Deutschlands und Vorsitzende der CDU/CSU-Fraktion im Bundestag, Berlin

Reformen für ein modernes Deutschland – Überlegungen zur Wirtschafts- u. Sozialpolitik

E-Mail-Verkehr zwischen der SVG Basel und dem Abgeordnetenbüro von Angela Merkel: Offenbar kennt man dort in der Schweiz nur Zürich, nicht Basel...

In aller Regel sind die Vortragsabende der SVG Basel vom Präsidium von langer Hand vorbereitet und dank perfekter Organisation reibungslos ablaufende Rituale. Bisweilen aber gelang es aufrührerischen Geistern dennoch, UNRUHE in die eingespielten Vorgänge zu bringen. So kam es im April 2004 anlässlich des Vortrags von Christophe Keckeis, damals gerade frisch zum ersten Chef der Schweizer Armee im Rang eines Korpskommandanten gewählt, zu einer tumultuösen politischen Kundgebung im Saal, bei der Keckeis unter Eierbeschuss durch eine kleine Gruppierung geriet, die sich auf einem Transparent als „Autonome Freilandhühner" vorstellte. Mancher Zuschauer war erstaunt über die guten Reflexe des Generalstabschefs, war er doch der Erste, der sich vor solchem Bombardement instinktiv hinter dem Rednerpult ins Réduit zurückgezogen hatte ... Die anschliessend nötig gewordenen Reinigungs- und Instandsetzungsarbeiten in Höhe von 3'341.70 Franken stellte die Universität der SVG Basel in Rechnung. Ebenfalls handfest und nicht ohne anschliessende Manöverkritik von verschiedenen Seiten ging es beim Vortrag des Nestlé-CEOs Paul Bulcke im November 2013 zur Sache. Bereits im Vorfeld vor „Störern" gewarnt, war die Polizei mit einem Grossaufgebot vor Ort. Zuschauer mussten am Eingang zur Aula Taschenkontrollen über sich ergehen lassen, derweil einige Juso-Aktivisten „vor und im Kollegiengebäude Flyer verteilten und Teelichter anzündeten", bis sie von der Polizei daran gehindert wurden. Dies hielt einen Besucher dennoch nicht davon ab, in der anschliessenden Fragerunde Bulcke, der über „die gesellschaftliche Rolle der globalen Ernährungsindustrie" referiert hatte, während seines kritischen Statements die Schuhsohlen zu zeigen, eine verächtliche arabische Schmähgeste von maximaler Grobheit. Um Störungen durch linke Demonstranten erst gar keine Chance zu geben, wurde 2010 dagegen ein Vortrag des Unternehmers Tito Tettamanti, der durch seinen vorübergehenden Erwerb der Basler Zeitung in die Kritik geraten war, aus Angst vor „Randale" gleich im Vorfeld abgesagt. Komplikationen anderer Art ergaben sich beim Besuch des deutschen Bundesinnenministers Wolfgang Schäuble. Der war zunächst für 2007 geplant, musste dann aber mangels Flugbereitschaft der dafür vorgesehenen Bundeswehrmaschine kurzfristig gecancelt werden. Und obwohl man wusste, dass Schäuble ein gefährdeter Politiker war – sass er doch seit einem Messerattentat 1990 im Rollstuhl –, staunte man, als der Vortrag ein Jahr später nachgeholt wurde, nicht schlecht über den gewaltigen Pulk von Sicherheitsleuten, die Schäubles gepanzerte Spezialimousine begleiteten und nicht nur den Vortragssaal absicherten, sondern sogar den eingedeckten Speisesaal nach einem Bombencheck bis zum Beginn des Nachtessens versiegelt hielten.

Rechnung von Schweizer Söhne für Renovation

24. Januar 2005
Prof. Dr. Beatrice Weder
Prof. für Volkswirtschaftslehre an der Uni Mainz und Mitglied des Sachverständigenrates zur Begutachtung der gesamtwirtschaftlichen Entwicklung Deutschlands („Wirtschaftsweisen")

Quo vadis, Deutschland?

---

22. Februar 2005
Nationalrat Peter Spuhler
Präsident des Verwaltungsrates, Stadler Rail AG, Bussnang

Baustellen im Parlament –
eine wirtschaftspolitische Betrachtung

---

11. April 2005
Albert Lauper
Präsident Schweizerischer Versicherungsverband, Zürich

Drei solide Säulen für eine nachhaltige Vorsorge

---

12. September 2005
Bundesrat Hans-Rudolf Merz
Eidgenössisches Finanzdepartement

Unternehmensstandort Schweiz

---

14. November 2005
Dr. Dieter Hundt
Präsident der Bundesvereinigung der deutschen Arbeitgeberverbände

Arbeitsmarkt Deutschland – die Konzepte der deutschen Arbeitgeber

---

28. November 2005
Karl Wüthrich
Anwalt, Wenger Plattner, Zürich

Sind grosse Konkurse bewältigbar?

---

23. Januar 2006
Heliane Canepa
President and CEO Nobel Biocare, Kloten

Das menschliche Ersatzteillager als Geschäft?

---

20. März 2006
Prof. Dr. med. Thomas Zeltner
Direktor Bundesamt für Gesundheit (BAG)

Gesundheitskosten ohne Ende?
Die Sicht des BAG

---

22. Mai 2006
James D. Wolfensohn
Former President of the World Bank

The Three Speed World
and its Challenges

---

25. September 2006
Andreas Schmid
Präsident des Verwaltungsrates der Unique (Flughafen Zürich AG) und Vize-Präsident des Verwaltungsrates der Barry Callebaut AG

Herausforderungen für die Schweiz

---

23. Oktober 2006
Prof. Dr. Peter Gross
Referat Ordinarius für Soziologie an der Universität St. Gallen (HSG)

Vom Preis der Freiheit. Aporien
offener Gesellschaften

---

28. November 2006
Roger Köppel
Chefredaktor „Die Welt", Berlin und Verleger und Chefredaktor „Die Weltwoche", Zürich

Schreiben, was ist. Gedanken
zum Journalismus

30. Januar 2007
Dr. Uli Sigg
Ehemaliger Schweizer Botschafter in China – Vizepräsident des Verwaltungsrates der Ringier AG, Zürich, im Gespräch mit Erich Gysling

Weltmacht China – Ansichten und Einsichten

26. März 2007
Bundesrat Christoph Blocher
Vorsteher des Eidgenössisches Justiz- und Polizeidepartements, Bern

Schweizer Wirtschaft – Stiefkind der Schweizer Politik

22. Mai 2007
Prof. Dr. Thomas Straubhaar
Direktor Hamburgisches Welt-Wirtschafts-Institut, Hamburg

Ende der Wachstumsschwäche

23. Oktober 2007
Prof. Dr. Michael Stürmer
Historiker und Publizist, Chefkorrespondent „Die Welt", Berlin

Welt ohne Weltordnung – Die neuen Machtwährungen

27. November 2007
Mag. Karl-Heinz Grasser
Bundesminister für Finanzen der Republik Österreich a.D.

Weltwirtschaft – quo vadis? Herausforderungen für die Schweiz und Österreich

22. Januar 2008
Prof. Dr. Iris Bohnet
Professor of Public Policy, Harvard University, Cambridge (USA)

Vertrauen – eine Investition in die Zukunft?

4. März 2008
Klaus J. Jacobs *(vor Anlass verstorben)*
Honorary Chairman of the Jacobs Foundation, Zürich

abgesagt

How to Sustain Growth in Europe

8. April 2008
Dr. Notker Wolf
OSB, Abtprimas des Benediktinerordens, Rom

Ist humanes Management angesichts der Globalisierung noch möglich?

20. Mai 2008
Andreas Meyer
CEO Schweizerische Bundesbahnen SBB, Bern

Herausforderungen für die SBB im Europäischen Eisenbahnverkehrsmarkt

22. September 2008
Dr. Wolfgang Schäuble
Bundesminister des Innern, Berlin

Global Governance und Grenzen nationaler Politik

28. Oktober 2008
Philippe Gaydoul
CEO Denner AG und Verwaltungsratspräsident Gaydoul Group, Zürich

Wie mache ich meine Vision wahr?

25. November 2008
Dr. Edgar Oehler
Chairman and CEO AFG Arbonia-Forster Group, Arbon

Wir von der Realwirtschaft

28. Januar 2009
Bundesrätin Eveline Widmer-Schlumpf
Vorsteherin Eidg. Justiz- und Polizeidepartement, Bern

Personenfreizügigkeit – Chancen und Risiken

---

24. März 2009
Dr. Claudia Steinfels
Managing Director & Senior Director Sotheby's, Zürich

Kunst – veritable Passion oder nüchternes Anlageinstrument?

---

19. Mai 2009
Joachim Hunold
Vorsitzender des Vorstands, Air Berlin PLC & Co Luftverkehrs KG, Berlin

Luftfahrt in Europa – eine Erfolgsgeschichte mit Hindernissen

---

21. September 2009
Dr. Philip M. Hildebrand
Des. Präsident des Direktoriums Schweizerische Nationalbank

Potenzialoutput, Outputlücke und geldpolitische Beurteilung

---

12. Oktober 2009
Heinz Zourek
Generaldirektor der Generaldirektion Unternehmen und Industrie der Europäischen Kommission

Die Zukunft der Pharmaindustrie in Europa

---

24. November 2009
Dr. Walter Rüegg
Direktor Schweizer Radio DRS

Radio im Zeitalter der Konvergenz

---

25. Januar 2010
Dr. Jürgen Hambrecht
Vorsitzender des Vorstands BASF

Nachhaltiges Wirtschaften in schwieriger Zeit

---

22. März 2010
Prof. Dr. h.c. mult. Martin Hellwig
Max-Planck-Institut zur Erforschung von Gemeinschaftsgütern, Bonn

Systemische Risiken im Finanzsektor. Zu den Ursachen der Finanzkrise 2007/2008

---

10. Mai 2010
Samih Sawiris
Chairman und CEO Orascom Development Holding AG

Unternehmer im Spannungsfeld zwischen westlicher und östlicher Kultur

---

13. September 2010
Peter Hartmeier
Leiter Unternehmenskommunikation UBS Schweiz u.a. ehemaliger Chefredaktor des Tages-Anzeigers (2002–2009) und Geschäftsführer des Verbandes Schweizer Presse

Glaubwürdigkeit, Klarheit und die Fähigkeit, beachtet zu werden

---

25. Oktober 2010
Prof. Dr. Carl Christian von Weizsäcker
Senior Research Fellow, Max-Planck-Institut, Bonn

Demokratie und Nachhaltigkeit: Überlegungen zu einer realistischen Klimapolitik

---

22. November 2010
Dr. iur. Tito Tettamanti
Vorsitzender des Verwaltungsrates Sterling Strategic Value Limited, Verleger

abgesagt

Mediokratie – Die Macht der Medien: eingebildet oder real?

31. Januar 2011
Joe Jimenez
CEO Novartis International AG, Basel

Creating Sustainable Leadership in Healthcare

28. Februar 2011
Dr. Andreas W. Jacobs
Präsident des Verwaltungsrats der Jacobs Holding AG und der Barry Callebaut AG, Zürich

Schokolade im Spannungsfeld zwischen der Ersten und der Dritten Welt

28. März 2011
Dr. Severin Schwan
CEO F. Hoffmann-La Roche AG, Basel

Roche Personalisierte Medizin – Von der Vision zur Realität

9. Mai 2011
Prof. Dr. Ernst Fehr
Prof. Mikroökonomik und experimentelle Wirtschaftsforschung, Inst. Empirische Wirtschaftsforschung, UZH

Die Ökonomie und Biologie produktiver Fähigkeiten

28. September 2011
Prof. Dr. Thomas Jordan
Vizepräsident des Direktoriums Schweizerische Nationalbank

Braucht die Schweizerische Nationalbank Eigenkapital?

24. Oktober 2011
Dr. Hans Wanner
Direktor Eidg. Nuklearsicherheitsinspektorat ENSI

Sicherheit ist kein Zustand, Sicherheit ist ein Prozess

21. November 2011
Rudolf Matter
Direktor Schweizer Radio und Fernsehen SRF

Fernsehen in Basel: Eine Rückkehr

31. Januar 2012
Harry Hohmeister
CEO Swiss International Air Lines AG

Herausforderungen für den Luftverkehr 2012

19. März 2012
Dr. Roland Koch
Vorstandsvorsitzender Bilfinger Berger SE, Hessischer Ministerpräsident a.D.

Globale Wirtschaft – Wo sind Europas Chancen?

24. April 2012
Prof. Dr. Lars Feld
Leiter des Walter Eucken Instituts, Professor für Wirtschaftspolitik, Universität Freiburg, Mitglied des Sachverständigenrates der dt. Regierung zur Begutachtung der gesamtwirtschaftlichen Entwicklung sowie des wissenschaftlichen Beirats des Bundesministeriums der Finanzen

Lösungen für die EU-Schuldenkrise

10. Mai 2012
Bundesrätin Simonetta Sommaruga
Vorsteherin des Eidg. Justiz- und Polizeidepartementes EJPD

Direkte Demokratie in der Schweiz: Zu viel oder zu wenig Mitspracherecht?

17. September 2012
Prof. Dr. Axel Weber
Verwaltungsratspräsident UBS AG

Europa und die Schweiz – Perspektiven einer globalen Bank

29. Oktober 2012
Prof. Dr. Torsten Tomczak
Forschungsstelle für Customer Insight FCI, Direktor und Ordinarius, Universität St. Gallen

Markenführung im 21. Jahrhundert – Zwischen Revolution und Evolution

---

26. November 2012
Dr. Konrad Hummler
St. Gallen

Realwirtschaft und Finanzsystem: Werden die Karten neu gemischt?

---

21. Januar 2013
Jean-Claude Biver
VRP Hublot SA

Die Ethik im Erfolgsprozess

---

18. März 2013
Dr. h.c. Feike Sijbesma
Chairman, CEO DSM

Transforming Business in a Changing World

---

13. Mai 2013
Prof. Dr. rer. nat. Lutz Jäncke
Ordinarius Neuropsychologie, Universität Zürich

Multimedia – Segen oder Sucht?

---

23. September 2013
Magdalena Martullo
Mehrheitsaktionärin / Vizepräsidentin und Delegierte des Verwaltungsrats / CEO Ems-Chemie Holding AG

Innovativ in die globale Zukunft

---

28. Oktober 2013
Anton Affentranger
CEO, Implenia

Management in Zeiten des Wandels

---

18. November 2013
Paul Bulcke CEO
Nestlé

The Role of the Global Food Industry in Society

---

20. Januar 2014
Dr. Carl-Heiner Schmid
Gesellschafter der Firmengruppe Heinrich Schmid

Der Handwerker 2.0 – Versuch eines neuen Führungsansatzes

---

24. März 2014
Prof. Dr. Giorgio Behr
VRP/CEO, BBC

Gedanken zum Unternehmertum – Werte und Grundsätze

---

2. Juni 2014
Prof. Dr.-Ing. E.h. Hans-Olaf Henkel
Kandidat für das Europaparlament Alternative für Deutschland (AfD)

Der Euro, Europa und die Schweiz

---

22. September 2014
Prof. Dr. Rudolf Taschner
Professor am Institut für Analysis und Scientific Computing, Technische Universität Wien

Mathematik als Leuchtfeuer der Aufklärung

27. Oktober 2014
Dr. Jörg Reinhardt
VRP, Novartis AG

Veränderungsmanagement als Führungsaufgabe

24. November 2014
Prof. Dr. Aymo Brunetti
Professor am Departement Volkswirtschaftslehre der Universität Bern

Bleibt die Schweizer Wirtschaft auf Erfolgskurs?

19. Januar 2015
Günther H. Oettinger
EU-Kommissar für digitale Wirtschaft und Gesellschaft

Digitale Wirtschaft und Gesellschaft – Herausforderungen und Chancen für Europa

16. März 2015
Martin Hirzel
CEO Autoneum Holding AG

Gewinnfaktor Unternehmenskultur

11. Mai 2015
Dr. Christoph Franz
VRP, Roche Holding AG

Die Gestaltung des Innovationsstandortes Schweiz

14. September 2015
Jürg Rämi
Ehemaliger Direktor EuroAirport Basel Mulhouse Freiburg

EuroAirport – Ein Unikat mit Chancen und Risiken

26. Oktober 2015
Stefan Meierhans
Preisüberwacher

Machen uns hohe Preise krank?

23. November 2015
Prof. Dr. Ernst Baltensperger
Em. Professor Universität Bern

Die Verlockungen des Billiggeldes. Geldpolitik in turbulenten Zeiten

18. Januar 2016
Mark Branson
Direktor Eidgenössische Finanzmarktaufsicht FINMA

Finanzmärkte im Wandel: Die Sicht der FINMA

7. März 2016
Dr. Adrian Künzi
CEO Notenstein La Roche Privatbank AG

Schweizer Finanzplatz – quo vadis?

17. Mai 2016
Michael Lauber
Bundesanwalt

Lokale Begrenzung – globale Entgrenzung? Die BA im Kampf gegen die Wirtschaftskriminalität

19. September 2016
Dr. Hariolf Kottmann
CEO Clariant

Herausforderungen für die chemische Industrie im globalen Wandel

31. Oktober 2016
Heinz Karrer
Präsident economiesuisse

Wie kann die Schweiz im globalen Standortwettbewerb bestehen?

21. November 2016
Prof. Dr. iur. Dr. rer. pol. h.c. Carl Baudenbacher
Präsident des EFTA Gerichtshofes, Universität St. Gallen

Helvetische Europapolitik im Zeichen des Brexit

23. Januar 2017
Prof. Peter A. Gloor
Research Scientist MIT Center for Collective Intelligence, Cambridge (USA)

Weshalb niemand Donald Trump kommen sah – von der Kreativität des Schwarms zum Wahnsinn der Masse

13. März 2017
Prof. Dr. Stefan Kolev
Stellvertretender Vorstandsvorsitzender Wilhelm-Röpke-Institut, Erfurt

Destabilisierung des Westens: Kann eine neue Ordnungsökonomik dagegen helfen?

15. Mai 2017
Urs Berger
Präsident Schweizerischer Versicherungsverband

Kämpfen die Versicherer in der heutigen Zeit der Entsolidarisierung auf verlorenem Posten?

18. September 2017
Prof. Dr. Dr. h.c. mult. Hans-Werner Sinn
em. Präsident ifo Institut, Professor Ludwig-Maximilians-Universität München

Die Grenzen der deutschen Energiewende: Gelingt die Bändigung des Zappelstroms?

23. Oktober 2017
Bundesrat Ueli Maurer
Vorsteher des Eidgenössischen Finanzdepartementes EFD

Nationale Volkswirtschaften unter der Globalisierungswalze?

27. November 2017
René Brülhart
President of the Financial Information Authority of the Holy See and Vatican City State

Die Reform des Finanzsystems des Vatikans

29. Januar 2018
Prof. Roberto Simanowski
Medientheoretiker und Kulturwissenschaftler, Pontifícia Universidade Católica do Rio de Janeiro

Facebook-Gesellschaft: Wie schuldig ist Mark Zuckerberg wirklich an Trumps Wahlsieg?

19. März 2018
Prof. Dr. phil. Dr. rer. pol. Karl Homann
Wirtschaftsethiker

Die Wirtschaft ist unser Schicksal! [Zitat Walter Rathenau]

14. Mai 2018
Sergio P. Ermotti
Group Chief Executive Officer, UBS Group AG

Finanzplatz Schweiz – Chancen und Herausforderungen

17. September 2018
Dr. Vas Narasimhan
CEO Novartis AG

Creating a Culture of Innovation at Novartis

29. Oktober 2018
Bundesrat Ignazio Cassis
Vorsteher des Eidgenössischen Departements für auswärtige Angelegenheiten EDA

Der Bundesrat und der wöchentliche Tanz der Konkordanz

26. November 2018
Prof. M. Scott Taylor
Professor of Economics, President-elect Canadian Economics Association, Research Associate, National Bureau of Economic Research, Cambridge MA

International Trade and Resource Overuse: Lessons from the Past and Present for our Future

21. Januar 2019
Prof. Dr. Marlene Amstad
School of Management and Economics, The Chinese University of Hong Kong, Shenzhen, Co-Director Center for Financial Technology, Shenzhen Finance Institute (SFI)

Chinas Finanzmärkte verstehen

1. April 2019
Prof. Dr. Monika Bütler
Professorin für Volkswirtschaftslehre, Universität St. Gallen

Alterssicherung im Spannungsfeld von Zwang, Wahlfreiheit und Paternalismus

20. Mai 2019
Prof. Dr. Christoph A. Schaltegger
Ordinarius für Politische Ökonomie, Universität Luzern

Die Schulden von heute sind die Steuern von morgen: Plädoyer für eine kluge Sparsamkeit

20. September 2019
Dr. Beat Hess
Präsident des Verwaltungsrats LafargeHolcim AG

Von Krisen und Narzissten

11. November 2019
Prof. Rajna Gibson Brandon
Professor of Finance, Geneva Finance Research Institute, University of Geneva and Member of the Board of Directors of Group BNP Paribas, France

The Sustainability Footprint of Institutional Investors

Dezember 2019
Dr. Manfred Bischoff
Aufsichtsratsvorsitzender der Daimler AG, Stuttgart

Individuelle Mobilität und die Zukunft der Automobilindustrie

22. Juni 2020
Prof. Andrea Vedolin
Associate Professor, Finance, Boston University

Life below zero: Real effects of negative interest rate policy
Erstmals in der 150-jährigen Geschichte fand aufgrund der Covid-Situation eine virtuelle Übertragung eines Referats statt (aber auch Teilnahme physisch in Basel möglich)

96 150 Jahre **SVG**BASEL

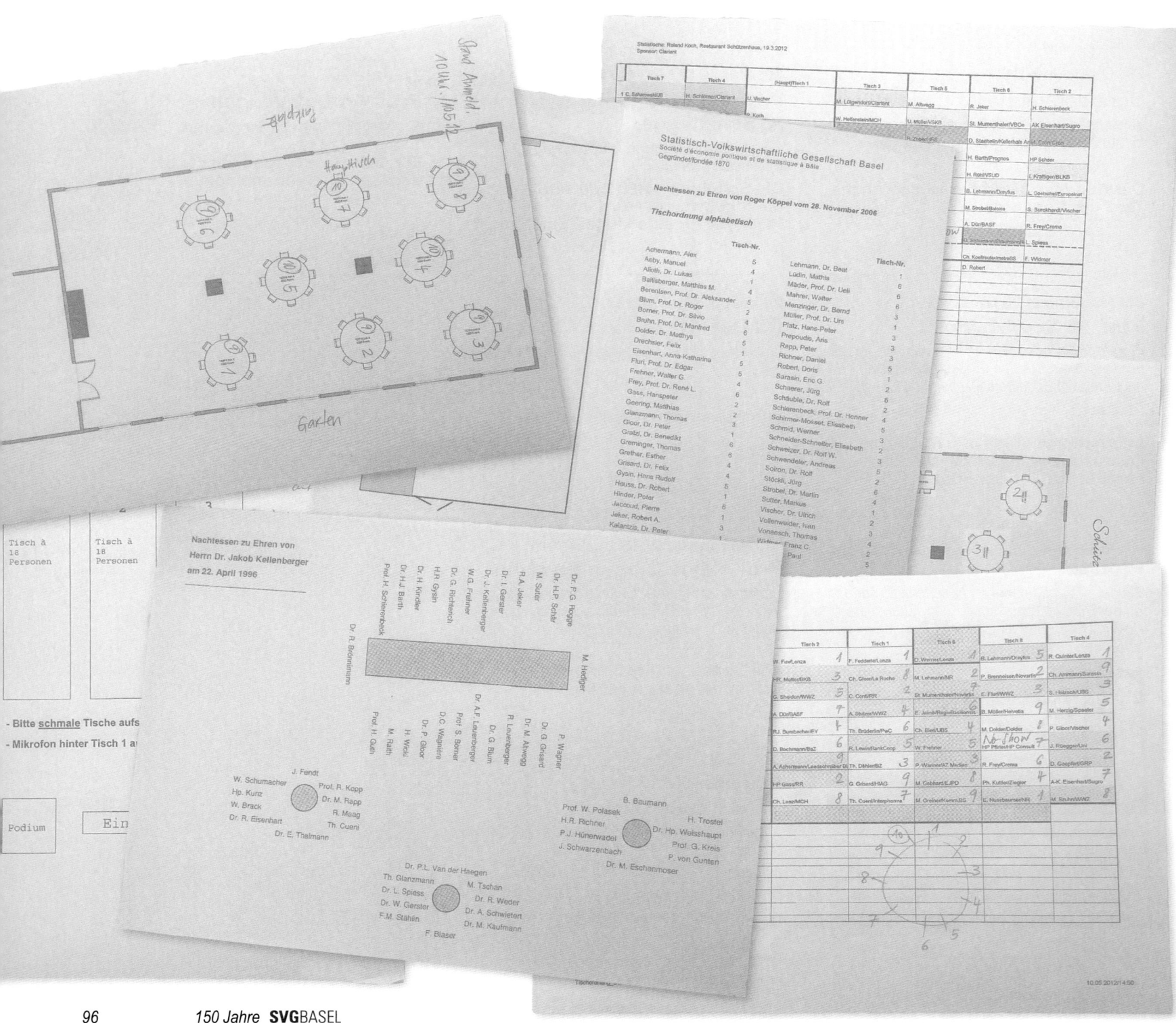

VORTRAG, TISCHREDE und NACHTESSEN

bei der „Statistischen" – ein Basler Ritual

Walter Hochreiter

Die Statistisch-Volkswirtschaftliche Gesellschaft Basel, seit jüngerer Zeit abgekürzt zur SVG Basel, firmiert bei ihren Mitgliedern und ihrem Publikum aus der Stadt hingegen schon lange als „die Statistische". Das ganz im Gegensatz zu ihren Schwestern in Bern und Zürich, die mit demselben Namen der Statistisch-Volkswirtschaftlichen Gesellschaften gestartet waren, heute aber nurmehr „die Volkswirtschaftlichen" genannt werden. Inhaltlich bewegen sich die Gesellschaften auf demselben Terrain, in Basel, so scheint`s, wollte man auf den Traditionsnamen nicht verzichten. Bei einer Vereinigung, die 150 Jahre Existenz vorweisen kann, ändert man nur ungern den Namen – auch wenn er für manche ein bisschen altertümlich riecht.

Es haben sich ausser dem Namen auch manche Rituale erhalten, die von Präsident zu Präsident weitergegeben werden und von denen keiner mehr weiss, wie lange sie eigentlich zurückgehen. So ist die Abendveranstaltung ein Zweiakter, der an verschiedenen Orten stattfindet und verschiedene Rituale kennt. Kenner wie Rolf Soiron sprechen auch von der Liturgie. Während der erste Akt, die Vorstellung des

... Der zweite Akt, das Nachtessen in einem Traditionsrestaurant, ist hingegen den geladenen Gästen vorbehalten ...

hochrangigen Referenten aus Wirtschaft, Politik oder Wissenschaft, sein Vortrag und die anschliessende Fragerunde sehr konventionell und seriös daherkommt, folgt der zweite Akt gänzlich unterschiedlichen Traditionsvorgaben. Die Vorträge der „Statistischen" in der Aula der Universität – früher auch in der Alten Aula im Naturhistorischen Museum – stehen einem uneingeschränkten Publikum offen. Auch wenn faktisch eher eine Klientel dominiert, die die Jugend schon einige Zeit hinter sich hat und deren Haarfarbe ins Graue neigt. Auch herrschen Anzug und Krawatte vor, obwohl sich in letzter Zeit schon einmal eine Jeans keck daruntermischt. Gesittete Manieren und stilvolle Zurückhaltung, wie es sich in Basel gehört (wenn nicht gerade einmal „Störer" aus dem linken Milieu die Veranstaltung bereichern wollen). Das Stammpublikum erwartet vom Präsidenten, VIPs präsentiert zu bekommen. Der Applaus ist deshalb meist nur verhalten-höflich, geht er darüber hinaus, sind die selbstverständlich hohen Erwartungen wirklich übertroffen worden. Peinlich kann es werden bei schlecht funktionierender Technik, wenn das Licht während des Vortrags ausgeht oder die Lautsprecher versagen. Aber auch bei zu gut funktionierender Technik: Bei einem Vortrag war das Headset (Mikro) des Referenten bereits eingeschaltet, als er kurz vor dem Vortrag noch auf die Toilette musste. Die Zuhörer hörten dann live mit, was auf der Toilette „ablief". Bei der Rückkehr des Referenten in den Vortragssaal wurde gelacht, was er natürlich nicht verstehen konnte.

Mit ein paar ironischen Bemerkungen begibt sich die Schar nun zu Fuss auf den Weg zum Essen.

Der zweite Akt, das Nachtessen in einem Traditionsrestaurant, ist hingegen den geladenen Gästen vorbehalten. Hier treffen sich CEOs alteingesessener und bedeutender Unternehmen der Regio Basiliensis, Bankdirektoren und Verwaltungsratspräsidenten, Regierungsräte, Ständeräte und Nationalräte, Wirtschaftsprofessoren und Juristen. Hier ist man unter sich und weiss das auch. Es gilt als Ehrensache, dass vom zweiten Akt nichts nach aussen dringt. Daran halten sich auch die anwesenden Journalisten der lokalen Presse.

Was aber nicht heisst, dass hier jeder mit jedem kann. Die hohe Kunst der Platzierung der 60 bis 80 Gäste an den Tischen obliegt der Assistentin des Präsidenten Doris Robert (davor einem Assistenten, Walter Brack). Und hohe Kunst ist in der Tat so gemeint: Welch unterschiedlichste Regeln hier eingehalten werden müssen, erfordert diffiziles Fingerspitzengefühl. Noch einfach der Tisch des Präsidenten: Links von ihm der Referent, rechts der Sponsor des Nachtessens und weiter mit dabei der Grossrats- respektive Landratspräsident, Regierungsräte, Vertreter bedeutender Unternehmen. An den anderen Tischen möglichst eine Mischung aus Vertretern von Wissenschaft, Poli-

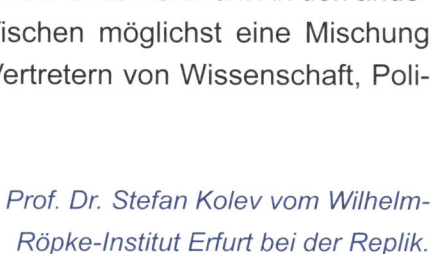

Prof. Dr. Stefan Kolev vom Wilhelm-Röpke-Institut Erfurt bei der Replik.

VORTRAG, TISCHREDE und NACHTESSEN bei der „STATISTISCHEN" – ein Basler Ritual

tik und Unternehmen – keinesfalls ein reiner Banken- oder Pharma-Tisch! Konkurrenten an einen Tisch zu setzen, kann ein gewagtes Spiel sein, da schlägt der Ton eventuell schon einmal vom Ironischen ins Giftige um …

Dem Organisator der Abende, also der Assistentin bzw. dem Assistenten, bereiten viele Fragen Kopfzerbrechen: Soll man den jungen Start-up-Unternehmer neben den pensionierten Verwaltungsratspräsidenten setzen? Die Kommunikationschefs der beiden Pharmakonzerne nebeneinander, wenn gerade wieder Übernahmegerüchte umgehen? Bankverein und Bankgesellschaft am selben Tisch, ging das früher? Einen Baselbieter Regierungsrat neben einen Baselstädter, wenn schon wieder seit Monaten um Subventionen für Kultur oder Universität gestritten wird? Und wehe, wird ein Staatssekretär einmal nicht ranggemäss platziert und droht die sofortige Rückreise nach Bern an, dann erfordert dies alle Finessen baslerischer Diplomatie …

Eine wesentliche Frage beim Nachtessen – ausser der zum Menü – ist immer auch: Wer ist heute Abend hier? Wer wird in der Tischrede genannt? Früher scheint es so gewesen zu sein, dass die VVIP (very very important people) sich unter Auslassung des Vortrags erst zum Nachtessen einfänden. Das Privileg des dauerhaften Zugangs zum Event wird heute nur den früheren Präsidenten der Gesellschaft gewährt. Die Einladungen zum Nachtessen sind übrigens keineswegs einem festen Kreis vorbehalten, sie wechseln je nach

… So hat auch schon manch eine bekannte oder weniger bekannte Grösse, die kein Einladungskärtchen erhielt, mit allerlei Mitteln und Beziehungen sich den Platz im Speisesaal zu erkämpfen versucht …

dem Referenten und seiner Vortragsthematik. So hat auch schon manch eine bekannte oder weniger bekannte Grösse, die kein Einladungskärtchen erhielt, mit allerlei Mitteln und Beziehungen sich den Platz im Speisesaal zu erkämpfen versucht. Doch den vergeben einzig der Präsident und seine Assistentin – und die sind da ziemlich unnachgiebig. Umgekehrt aber auch: Wer eine Einladung erhalten hat und unentschuldigt beim Essen fehlt, erhält eine Abmahnung und Rechnungstellung für das Essen.

Zu den ungeschriebenen Regeln gehörte lange auch, nur ausserbaslerische Referenten einzuladen und keine, die in der Stadt selbst als wirtschaftliche oder politische Funktionsträger wirken. Ausgenommen nur Basler, die es im Ausland zu etwas gebracht hatten. So bewahrte man eine Tradition des Gesamtschweizerischen und des Internationalen in der Gesellschaft: Berner, Welsche, Ostschweizer sind gern gesehene Gäste, von den Zürchern wird noch zu reden sein. Ebenso lädt man gern hochrangige Referenten auch aus dem Ausland ein. Der Ex-Staatspräsident Valéry Giscard d'Estaing, Alt-Bundeskanzler Helmut Schmidt, Arbeitgeberpräsident Hanns Martin Schleyer, Sowjet-Botschafter Valentin Falin, EU-Kommissar Günther Oettinger und die CDU-Parteivorsitzende Angela Merkel fanden schon den Weg über den EuroAirport an die Universität und in den Speisesaal.

In letzterem, einem altehrwürdigen Gasthaus wie der Safranzunft, der Schlüsselzunft oder dem Schützenhaus – selten im Trois Rois – haben sich die Referenten unter Butzenscheiben, Holzvertäfelung und Kronleuchtern einem besonderen Ritual zu stellen. Gemeint ist die Tischrede, die der Präsident der Statistischen auf den jeweiligen Gast und Referenten hält.

Fürwahr keine gewöhnliche Tischrede, sondern eine spezifisch baslerische. Und das heisst, der Ton, der hier dominiert, ist ein ironischer. Keine Lobeshymne also, denn vorgestellt wurde der Gast ja schon in der Aula mit seiner Vita und seinen Verdiensten. Zu Tisch beim Nachtessen, unter sich im ausgewählten Kreis, darf sich der Gast der Basler Ironie erwehren, die manches Detail seiner Karriere vielleicht auch einmal durch den Kakao zieht und hochwissenschaftliche Äusserungen schon einmal etwas der Lächerlichkeit preisgibt. Denn Basel und seine Führungsschicht zeichnen sich traditionell, wie schon der Basel-Kenner Fritz René Alemann wusste, durch einen Hang zur Ironie und auch zur Selbstironie aus.

Das setzt beim tischredenhaltenden Präsidenten einige Fertigkeit voraus und manchem mag schon etwas der Schweiss beim Verfassen im Gesicht gestanden haben. Woher die Information über den berühmten Gast nehmen, wenn das CV wenig hergibt, Wikipedia sich ausschweigt und auch der Arbeitgeber wenig verlauten lässt? Da muss man nicht so bösartig sein wie die Albrecht-Brüder von Aldi und der Öffentlichkeit noch nicht einmal ein Foto – geschweige denn Informationen – zur Person zu gewähren. Schliesslich geht es in der Tischrede ja auch um eine etwas individuellere Information wie etwa die Hobbys und Vorlieben und nicht nur um Uni-Studium und Karriere. Ein manchmal durchaus probates Mittel scheint dafür die Ansprache der Assistentin oder Chefsekretärin zu sein, die ja vermutlich einige Vorlieben und Schwächen ihres Chefs kennt. Vielleicht besitzen auch andere Personen aus dem engeren Umfeld des ironisch Betrachteten wertvolle Kenntnisse.

Wie üppig oder karg der Nachrichtenstand zum prominenten Gast sein mag, die Tischrede bleibt immer eine Gratwanderung. Geht sie über die Grenze dessen hinaus, was öffentlich-glossierend gesagt werden sollte, wird sie unverschämt und beleidigend (die Gefahr besteht allerdings kaum, denn wir sind in Basel, wo sich die Gürtellinie sehr weit oben befindet). Bleibt sie im Allgemeinen und Unverfänglichen, wirkt sie langweilig und wenig individuell auf den Gast zugeschnitten. Die Tischrede kann ihre Herkunft aus einer Stadt, deren Fasnacht weltbekannt ist, nicht verleugnen. Auch auf der Fasnacht werden bekanntlich die Oberen in gewählten Worten zur Kenntlichkeit entlarvt. Nur dass bei den Versen der Laternen und beim Schnitzelbangg die Verspotteten in der Regel nicht anwesend sind. Bei der Tischrede sitzt der ironisch Karikierte hingegen direkt zur Linken neben dem Präsidenten.

In der Regel sind die Referenten Männer, früher wesentlich mehr als heute. Als die Statistische 1995 die Nationalrätin Vreni Spoerry einlud, blickte der Präsident tief in die Geschichte zurück und stellte fest: „Wir hatten Dutzende von Männern: Japaner, Berner, Psychiater und andere Exoten, Professoren, Generäle, Barone, Fürsten, Bangemänner, Nordmänner und auch Männer aus dem Süden. Viele, viele Männer, aber erst vier Frauen: die Demoskopie-Päpstin Noelle-Neumann, eine Bundesrätin, jüngst eine Professorin (SP-Mitglied) und eine Gewerkschaftssekretärin…" Die mangelnde Erfahrung beim Umgang mit Frauen in der SVG Basel warf bei der Vorbereitung der Tischrede die brennende Frage auf: Wie glossiert man eine Dame? Da es dazu aber eben keine überlieferte Tradition in der Gesellschaft gab, verzichtete Präsident Frehner für einmal auf privates Nachforschen.

Es war nun aber keineswegs das Privileg der weiblichen Referenten, geheimnisvoll im Dunkeln zu verbleiben. Auch über den Botschafter der Schweiz in der Volksrepublik China, Erwin Schurtenberger, konnte der ebengenannte Präsident beim besten Willen nichts Privates erfahren. Es half ihm dann, sich in die Kultur der Nation hineinzubegeben, in der der Botschafter tätig gewesen war. Das I Ging weiss in solchen Fällen immer Rat, selbst bei Tischreden für die Statistische. Die Befragung des Orakels durch Münzwerfen ergab mehrere I Ging-Hexagramme für Herrn Schurtenbergers Charakterisierung: YU, die Quelle der Glückseligkeit: für die Schweizer Unternehmen in China. T`UNG YEN, eine lange Reise zur Brüderschaft: Der Schweizer Botschafter zog sich gern einmal zum Meditieren in ein tibetisches Kloster zurück. 5. KEN, die Stille. Als „Queraussteiger" (Frehner) aus seinem Botschafterposten zieht er sich in ebendiese zurück. Es war nur konsequent, dass der Botschafter als Präsent zum Abschluss eine Buddha-Statuette erhielt.

Es muss aber nicht das I Ging und der Buddhismus sein, die nützliche Dienste leisten zur Aufklärung über den Referenten oder Phänomene aus Politik und Wirtschaft. Auch ortsansässige Religionen wie das Christentum können weiterhelfen. Nach der Finanzkrise war der Direktor der Nationalbank eingeladen und SVG-Präsident Ueli Vischer verwies in seiner Tischrede darauf, dass die Ursachen der Hypothekarkrise amerikanischer Banken auch darin liegen könnten, dass sie zu viele bibeltreue Banker angestellt hätten, die nach dem Propheten Jesaja handelten: „Und die ihr kein Geld habt,

---

... Ungewöhnliche Referenten und unkonventionelle Themen nahmen bei den Veranstaltungen der SVG Basel in den letzten Jahren zu ...

---

kommet her ... und kauft ohne Geld und umsonst." Als besonders bibelkundig erwies sich eben Präsident Vischer, dem es gelang, in fast jeder Tischrede die Thematik des Vortrags mit Zitaten der Heiligen Schrift zu erklären oder zu kommentieren. Der Investor Samih Sawiris, der zuerst eine Luxus-Feriensiedlung in der ägyptischen Wüste finanzierte, bevor er sein Tourismusprojekt in Andermatt begann, wurde in der Tischrede mit Jesaja gewürdigt: „Ich will die Wüste zu Wasserstellen machen." Ebenfalls einem Investor, Tito Tettamanti, der unter grossem Aufsehen die Mehrheitsanteile an der BaZ gekauft hatte, vergab man mit Sirach:

„Wer Geld lieb hat, der bleibt nicht ohne Sünden." Die Tischrede indes blieb ungehalten, weil die Veranstaltung mit Tettamanti wegen angesagter Proteste abgesagt wurde. So verpasste Tettamanti auch den ihm vom Präsidenten zugeeigneten Witz: Wie kommt man zu einem kleinen Vermögen? Man hat ein grosses Vermögen, investiert in eine Zeitung und hat schnell ein kleines Vermögen.

Der Dalai Lama hat bekanntlich zu jeder persönlichen Situation und jeder Weltlage die passende Erklärung parat und darf deshalb in einer Tischrede nicht fehlen: In einer Diskussion in Zürich betonte Seine Heiligkeit, dass die Neurowissenschaften klar aufzeigten, dass innere Werte wie Mitgefühl trainiert werden könnten. Das schmeckte nun dem Referenten Prof. Ernst Fehr, der auf dem Feld der Neuroökonomie und des Altruismus forscht, gar nicht: Ob es denn für dieses Training den Buddhismus brauche? Der Dalai Lama, weise lächelnd wie immer: *Nein, der Buddhismus ist zwar hilfreich, aber nicht nötig.*

Auf dem Gebiet des Neuro-Marketing kam der Wissenschaftler Fehr zu erstaunlichen Ergebnissen. Bei einer Weinverkostung wurden sechs Weine zwischen 5 und 90 Dollar pro Flasche abgefüllt. Was keiner der Probanden wusste: Der teuerste Wein war identisch mit dem billigsten. Sowohl die verbale Beurteilung als die gemessenen Gehirnströme für Glücksempfinden hatten einen klaren Sieger: den Wein für 90 Dollar. Ueli Vischer wusste auch diesen Befund bibelgerecht mit Jesaja zu interpretieren: „Kaufet den guten Wein ohne Geld, ihr werdet trunken davon." Ein Marketing-Genie auch der „Uhrenpapst" Jean-Claude Biver, wie Präsident Edouard Viollier verriet. Zur Präsentation der limitierten Hublot-Chronographen-Edition – speziell kreiert zum hundertsten Geburtstag der britischen Automobilschmiede Morgan – lud er Journalisten und Experten nach England ein, um dann auf dem Podest … nichts zu präsentieren: „Wer Fragen zur Uhr hat, kann mich nachher beim Apéro persönlich ansprechen." Dies als absoluter Höhepunkt vom „Marketing des Verschwindens", was sich wohltuend, elegant und geheimnisvoll von den sensationsheischenden Auftritten der Produktpräsentationen wie etwa bei Smartphones abhob. Mit dem Marketing der BASF-Website, dass ihr Areal in Ludwigshafen so gross sei wie die Ferieninsel Capri, konnte Ueli Vischer wenig anfangen. Hingegen traute er Novartis-Chef Joe Jimenez im Marketing ganz Ausserordentliches zu, weil er in früherer Position die Absatzzahlen von Heinz Ketchup ausgerechnet im Land des eigengeköchelten Tomatensugo steil nach oben schnellen liess.

Ungewöhnliche Referenten und unkonventionelle Themen nahmen bei den Veranstaltungen der SVG Basel in den letzten Jahren zu. Gelangten in früheren Zeiten eher Unternehmensleiter, Bankdirektoren oder Bundesräte mit Themen der Konjunkturentwicklung, Geldpolitik oder erfolgreicher Unternehmen zu der Ehre einer Einladung, so änderte sich dies unter den Präsidenten der letzten Jahre deutlich. „Von der Kreativität des Schwarms zum Wahnsinn der Masse" oder „Die Facebook-Gesellschaft" wurden von einem Forscher des MIT Center for Collective Intelligence und von einem Medientheoretiker aus Rio de Janeiro thematisiert. Scott Taylor zeigte in „International Trade and Resource Overuse" auf, wie eine unregulierte ausländische Nachfrage und eine neuartige aus dem Ausland stammende Lederverarbeitung Ende des 19. Jahrhunderts in den USA einen direkten Eingriff in den natürlichen Büffelbestand zur Folge hatte und in kurzer Zeit zu einer fast vollständigen Ausrottung des amerikanischen Büffels führte. Das Nachtessen in der Safranzunft hatte denn auch Bison zum Hauptgang. In der Schweiz gibt es einen Bestand von geschätzt 500 Tieren, sodass man nicht beim Basler Zoo anfragen musste, wie Präsident Gottlieb Keller verriet. Manches Mal spielten die Zeitereignisse so, dass der Referent einen brandaktuellen Einblick in Schweizer Wirtschaftsgeschichte bieten konnte. Ende Januar 2001 referierte der Chef der schwer gefährdeten Swissair: „Die SAirGroup: ein strategischer Ausblick". Die NZZ charakterisierte deren strategische Situation zu diesem Zeitpunkt als den einer Maschine im Gewittersturm, welcher der Sprit ausgegangen sei und die dabei sei, nach einem Pilotenwechsel und Wendemanöver zum Ausgangspunkt zurückzukehren, ohne allerdings ihren Kurs zu kennen. Eric Honegger schlug sich vor der SVG Basel wacker – als Präsident des VR der Swissair trat er zwei Monate später zurück. Im Oktober 2001 musste die Swissair den Flugbetrieb einstellen.

Im direkt wörtlichen Sinne brandaktuell wurde es aber beim Nachtessen am Black Monday, 19. Oktober 1987, dem Tag des grössten Börsencrashs seit dem Zweiten Weltkrieg. An diesem Tag referierte Prof. Charles Kindleberger vom MIT – visionär? – zum Thema „The Financial Crisis of the 1930ies and the 1980ies: Similarities and Differences". Als beim Nachtessen gegen 20.30 Uhr die ersten Nachrichten vom Börsencrash eintrafen, verliessen etliche Banker fluchtartig das Lokal.

Nun gilt es – wie schon früher angedeutet – noch über die Zürcher Referenten zu sprechen. Die Stadt an der Limmat und ihre Bewohner gehören, wie man weiss, keineswegs zu den geliebten Partnern der Basler. Deshalb begrüsste Präsident Markus Metz den Präsidenten von Economiesuisse, Heinz Karrer, ironisch mit den Worten: „Sie sind in Winterthur geboren und heimatberechtigt im ländlichen Andelfingen/ZH, ein echter Zürcher damit. Sie können sich deshalb auch der vollen Sympathien des hiesigen Publikums gewiss sein."

Auch Andelfingen im Zürcher Oberland war Markus Metz durchaus vertraut: „Andelfingen war zur Zeit meiner militärischen Ausbildung ständig vom kommunistischen Gegner besetzt, die Bevölkerung allerdings rechtzeitig im Réduit evakuiert, weshalb wir mit der Artillerie Andelfingen und Umgebung stets heftig beschossen haben, zum grossen Glück aber eben immer nur im Theoriesaal."

Beschuss befürchtete er in Basel wohl auch, der ehemalige Chef des Verteidigungsdepartements und jetzt des Finanzdepartements, Ueli Maurer, ebenfalls aus dem Zürcher Oberland.

... Ich freue mich immer,
wenn ich in Basel sein kann,
denn die Basler haben Distanz zu sich
selbst, im Gegensatz zu den Zürchern ...

Er eröffnete deshalb in der Aula gleich eine Charmeoffensive: „Ich freue mich immer, wenn ich in Basel sein kann, denn die Basler haben Distanz zu sich selbst, im Gegensatz zu den Zürchern." Das hörte man in der Stadt, in der Ironie als Wesensart gilt, doch gerne. Als Markus Metz in der Safran Zunft noch ein Gedicht von Carl Spitteler als Reverenz an den Major aus dem Züribiet rezitierte und Maurer mit einem Vers von Gottfried Keller antwortete, kannte die baslerisch-zürcherische Verbrüderung dann tatsächlich keine Grenzen mehr.

Leider sind die Repliken auf die Tischrede in der Regel nicht erhalten, falls sich nicht ein Beteiligter daran erinnert. Denn die Fähigkeit zur Replik adelt den Referenten erst recht im Ansehen der Teilnehmer. Zeigt er sich, wie Ueli Maurer, schlagfertig und retourniert die Attacke auf selbem Niveau, ist ihm das Herz der Gäste gewiss. Zeigt er sich spröde und humorlos, gewinnt er kaum Ansehen. Verweigert er sich gar der Replik – auch das kam schon vor – gilt er als unfähig zum feinen Spiel der Basler Ironie. Zum Ritual gehört auch die Geschenkgabe an den Vortragenden. Das Geschenk soll in Verbindung zu Vortrag und Tischrede stehen und darf ebenfalls gern etwas ironisch ausfallen. „Fluch dieser Stadt ist es, dass alles originell sein muss", stöhnte Präsident Soiron. Er widerstand der Versuchung, dem gebeutelten Swissair-Chef Verdis Gefangenenchor („Flieg, Gedanke, auf goldenen Flügeln") oder Wagners „Fliegenden Holländer" zu schenken. Stattdessen nicht zynisch und völlig unverfänglich die „Basler Freuden" des Namensvetters Arthur Honegger. Bundesrat Parmelin erhielt ein Geschenk, das garantiert keinen Wert habe (er darf als Bundesrat ja keine Geschenke annehmen), nämlich einen historischen Genussschein von Roche – gerahmt und völlig wertlos.

Dem CEO von Novartis, Narasimhan, überreichte Präsident Keller einen Käsehobel – weniger zur Enkulturation ins Land als mit der Bitte versehen, zuhause und nicht im Unternehmen zu hobeln. Dem Direktor der FINMA, Mark Branson, der eben die Schweizer Staatsbürgerschaft beantragt hatte, dürfte beim Betrachten seines Geschenks – dem Film „Die Schweizermacher" – eher Fürchterliches geschwant haben.

Tischrede, Replik und Nachtessen enden Schlag 22 Uhr, auch dies eine der tradierten ungeschriebenen Regeln des zweiten Akts. Dass Regeln eben auch einmal umgestossen werden können, zeigt die Auswahl der Referenten. Bis in die Neunziger galt, dass keine Basler politischen oder wirtschaftlichen Funktionsträger eingeladen werden. Der Grund dafür lag auch darin, so Präsident Georg Krayer, dass man keine Retourkutschen und Jalousien zwischen den Vorstandsmitgliedern provozieren wollte. Diesen Vorsatz hat man mittlerweile etwas aufgegeben und lädt auch Basler Referenten ein. Im Zeichen der Globalisierung ist auch nicht mehr so einfach auszumachen, ob der indischstämmige amerikanische CEO von Novartis Basler oder Nicht-Basler ist. Mittlerweile sind die Leute aus eigenem Boden praktisch zur specie rara geworden (Georg Krayer). Manches Mal durchbrachen aber auch Referenten die Regeln der Gesellschaft. Als es dem Chef der niederländischen Philips zeitlich nicht zum Vortrag reichte, schickte er sein Referat per Telex und liess es von einem Schweizer Philips-Mitarbeiter vorlesen. Sehr forsch ging der Intendant des Zürcher Opernhauses, Alexander Pereira – bekannt für sein Talent, Sponsoren zu gewinnen – vor. Beim Nachtessen richtete er einen flammenden Appell an die Gästeschar, dem neu ernannten Direktor des Basler Theaters, Michael Schindhelm, mit einer handfesten Spende einen glänzenden Start zu ermöglichen. Bald kamen mündliche Angebote, die auf einer improvisierten Liste erfasst wurden und sich am Ende zu einem sechsstelligen Betrag summierten. Was denn bezeugt, dass ein Zürcher dem Wohlergehen Basels für einmal auch nützlich sein kann.

**DIE SVG-PRÄSIDENTEN
1970 bis 1994**

1970–1973 Prof. Dr. Hans Guth †
1973–1976 Dr. Hans-Peter Schär
1976–1979 Dr. Gustav E. Grisard †
1979–1982 Max Hediger †

1982–1985 Alexander P. Füglistaller †
1985–1988 Dr. David Linder †
1988–1991 Dr. Peter Gloor †
1991–1994 Dr. Markus Altwegg

Die SVG-PRÄSIDENTEN DER LETZTEN 25 JAHRE

Walter G. Frehner, Präsident 1994–1997, war bis 1996 Präsident des Schweizerischen Bankvereins SBV. Als sich das Ende seiner Arbeit für die SBV näherte, nahm er die Anfrage nach der Präsidentschaft der Statistischen gern an. Er war der erste Präsident, der nicht aus Basel, sondern aus dem Kanton Bern (Interlaken) kam. Wichtig war ihm, mehr Frauen und Studierende für die Gesellschaft zu gewinnen.

Robert A. Jeker, 1997–2000 (verstorben 2012), war unter anderem Präsident der Schweizerischen Kreditanstalt SKA und der Handelskammer beider Basel. Auch bei der Gründung der Messe Schweiz AG spielt er eine führende Rolle.

Dr. Rolf Soiron, 2000–2003, war Leiter der Pharmaabteilung bei Sandoz, Präsident des Universitätsrates und VR-Präsident bei Holcim und Lonza. Er nahm sich vor, die SVG Basel zu modernisieren, alte Zöpfe abzuschneiden und einen roten Faden bei den Vorträgen sichtbar werden zu lassen. Ein eher ungewöhnlicher Referent war der Fürst von und zu Liechtenstein Hans-Adam II., der über die Zukunft der Demokratie referierte.

Dr. Georg Krayer, 2003–2006, war VR-Präsident bei der Privatbank Sarasin und Präsident der Schweizerischen Bankiervereinigung. Er wirkte schon lange Jahre als Kassier, bevor er Präsident wurde. Ihm gelang es, die CDU-Parteivorsitzende und spätere Kanzlerin Angela Merkel als Referentin zu holen (Vortrag 2004). Sein Ziel, zur Hälfte Referentinnen zu gewinnen, gelang ihm nicht ganz. In seine Zeit fiel die Eierattacke auf den Schweizer Generalstabschef Keckeis.

Dr. Rolf Schäuble, 2006–2009, war Präsident der Baloise Versicherungsgruppe. Er bemühte sich um international ausgerichtete Referenten, die nicht nur aus der Wirtschaft kamen. Das Referat des Namensvetters Wolfgang Schäuble, des deutschen Bundesinnenministers, fand 2008 statt: Ein Jahr später als vorgesehen, da die deutsche Flugbereitschaft auch zu diesem Zeitpunkt schon Probleme hatte.

Dr. Ulrich Vischer, 2009–2012, Partner im Anwaltsbüro Vischer, war Präsident des Grossen Rates und Vorsteher des Finanzdepartements des Kantons Basel-Stadt. Er war Präsident des Universitätsrates und ist VR-Präsident der Messe Schweiz. Er führte als Neuerung ein, dass ausnahmsweise auch Referenten von Basler Unternehmen eingeladen werden können und dass die Lokalpresse die Vorträge ankündigte. Bei den angestrebten hochrangigen Referenten gelang nicht alles: Peer Steinbrück war nur gegen Honorar zu haben (abgelehnt), Tito Tettamanti musste wegen des Eigentümerwechsels bei der BaZ abgesagt werden.

Dr. med. Edouard H. Viollier, 2012–2015, Spezialarzt FMH Innere Medizin, CEO und VR-Präsident des labormedizinischen Familienunternehmens Viollier AG. Er war der erste Mediziner als Präsident der Statistischen. Ihm verdankt sie eine Vielzahl von Innovationen: eine eigene Website mit elektronischer Bibliothek, Presseartikeln und Zusammenfassungen der Vorträge; den Tisch mit jüngeren Wirtschaftsfachkräften in verantwortungsvoller Position sowie die Einführung des Kürzels SVG für die Gesellschaft. Nicht ganz einfach zu bewältigen war der Auftritt des Nestlé-CEO Paul Bulcke mit provozierenden Demonstranten im Publikum.

Dr. Markus Metz, 2015–2018, war Präsident des Bundesverwaltungsgerichts. Sein besonderes Interesse galt der Entwicklung des Internets und dem Thema Demokratie und Populismus. Bei der Gewinnung von Referenten achtete er insbesondere auf unkonventionelle und seltene Referenten und Themen. Besonders in Erinnerung bleibt der Vortrag über „Zappelstrom" (überschüssigen Strom) des Leiters des Münchner ifo-Instituts Hans-Werner Sinn.

Dr. Gottlieb Keller, 2018–2021, war Vizepräsident economieSuisse und bis 2020 General Counsel von Roche. Sein Ziel, ein Drittel Frauen als Referentinnen zu gewinnen, war nicht einfach, ist aber bisher geglückt. Bei den Vorträgen setzte er auf Referent*innen, die zu gleichen Teilen aus Wirtschaft, Wissenschaft und Politik kamen. Nebst zwei Bundesräten und vier Professorinnen konnte er mit Manfred Bischoff den Präsidenten des Aufsichtsrates der Daimler AG als Referenten gewinnen.

DER SVG-VORSTAND 2018 bis 2021

Dr. Gottlieb A. Keller, *Präsident*
Dr. Bruno Dallo, *Kassier*
Doris Robert, *Sekretärin*

Gilbert Achermann
Dr. Andreas Burckhardt
Dr. Jean-Paul Clozel
Dr. Klaus Endress
Prof. Dr. Christoph Franz
Prof. Dr. Pascal Gantenbein

Marc Jaquet
Dr. Hariolf Kottmann
Hansueli Loosli
Dr. Jörg Reinhardt
Elisabeth Schneider-Schneiter
Dr. Rolf Soiron
Dr. Thomas Staehelin
Dr. Edouard H. Viollier
Dr. Ulrich Vischer
Stephan Zimmermann